봄날의 꿈

봄날의 꿈

이임순 수필집

수필과비평사

■ 작가의 말

미안하다, 고맙다. 내 손!

　화가가 꿈이라는 50대 여성을 만난 적이 있었다. 아직까지 변변한 작품 하나 그리지 못했지만 지금도 꿈을 키우는 중이라고 했다. 집안일과 부업으로 끊임없이 일했다는 그녀의 손은 고생한 사람 같지가 않았다.
　결코 내 손을 부끄럽게 생각한 적이 없었다. 오늘 그녀의 손을 보고 내가 내 손한테 너무 홀대했다는 것을 깨달았다. 그녀는 늘 장갑을 끼고 일을 한다는데 나는 갑갑함에 맨손으로 일을 했다.
　농촌 생활은 눈 가는데 손도 가야 한다. 그래야 나뭇잎이 지고 찬바람이 부는 가을에, 한 해를 서서히 마무리할 즈음에 거둬들이는 재미가 쏠쏠하다. 늘 눈을 따라 다니는 내 손이 투박하기 짝이 없는 것도 어찌 보면 당연하다. 그래도 불평 한 번 늘어놓은 적이 없었던 착한 내 손이다. 농사를 짓다 보니 손이 거칠어질 수밖에 없다. 한 걸음만 나서도 양산으로 볕을 가리는 사람이 있는데 나는 늘 햇볕과 동행했다. 그러니 손은 갈퀴 같고 피부는 가무잡잡하여 윤기는 없지만, 겨울에 감기가 나에게는 얼씬도 하지 않는다.

문득 내 손이 너무 많은 일을 했다는 생각이 들었다. 내가 그토록 밤잠 안 자고 써 둔 원고도 내 손이 한 일이다. 책상 위에 언제부터인가 빛바랜 메모지가 놓여져 있었다. 혹사를 시켰으면 마무리도 지어야지, 이렇게 잠재울 것이면 차라리 쓰지를 말든지 하고 불평을 하는 것 같았다. 생각이 여기에 이르니 가만히 있을 수가 없었다. 지금까지 순종하며 나를 따라준 손의 수고로움을 인정해 주고 싶었다.

이것이 『봄날의 꿈』을 서둘러 출간하게 된 이유이다.

마음을 먹고 나니 더 이상 미룰 이유가 없었다. 주변 여건이 쇠뿔도 단김에 빼라는 속담의 발목을 잡았다. 원고 뭉치를 펼쳐보지도 못하고 몇 개월이 훌쩍 지나갔다. 나는 외출하기에 앞서 늘 손빨래를 했다. 손톱 밑에 끼인 일의 흔적을 지우기 위해서이다.

비록 신변잡기에 불가할망정 '내 글을 읽고 누군가 한 사람이라도 이런 삶도 있었구나' 하고 공감을 해 준다면 더 바랄 게 없겠다. 여기에 궂은일 마다하지 않은 손에게 조금이나마 위안이 되리란 바람을 안고 원고를 정리해 보았다.

많이 미흡하다. 말없이 버팀목이 되어준 남편과 어미를 응원해 준 아들딸, 웃음을 안겨주는 손주들이 고맙다. 특히 투박한 내 손에게 '그동안 고맙고 애썼다' 칭찬해 주려 한다.

2022년 대추가 곱게 익어 가는 시월
아이들의 웃음소리를 들으며 광양골에서

■ 차례

|작가의 말

1부 문학의 길

살맛나는 하루·14

날이 밝기를 기다리며·18

앞으로도·22

글쓰기의 시작·26

빛바랜 종이 한 장·30

소풍을 다녀와서·35

2부 울타리

기분부터 상쾌한 오늘은 · 40
남편의 정년퇴임 · 44
울타리 · 48
김치 · 52
이삿짐을 꾸리며 · 56
죄가 없는 거짓말 · 61
길들이기 · 66

3부 세월과 함께

두릅·72

세뱃돈·76

마음 가다듬는 날·80

다가가기·84

사랑 쌓기·88

부러움·92

『꽃 지고 강물 흘러』를 읽고·96

나이에 새옷을 입히자·100

괜한 고집이·104

치매의 번지 수·107

4부 시골에서 산다는 것은

붉은 길·112

제비콩을 따면서·116

마음속에 내리는 비·120

우선 순위·124

무심한 주인·128

두 어미·132

뒷모습·136

새들의 항변·140

상처 보듬기·144

새 주인 찾기·148

가족인데·152

5부 자연과 더불어

매향에 취하듯 · 158

삶의 요리사 · 161

불빛에 본 그 색깔이 · 165

단풍놀이 · 169

사랑 받으려면 · 172

순심이가 웃는 이유 · 177

6부 바람을 가슴에 안고

봄날의 꿈 · 182

꿈은 이루어진다는데 · 186

갈 수 없는 곳 · 189

떠나는 아쉬움 · 193

서운함은 가슴에 · 197

삼가 선생님 영전에 바칩니다 · 200

어찌 그리 허망하게 · 203

세모에 · 207

7부 사랑의 고리

형 노릇 · 212
눈 때문에 · 216
묵향과 숭늉의 만남 · 220
딱지떼기 · 223
빚쟁이 · 227
정 때문에 · 231
종합 도시락 · 235
스카프 · 239
사랑의 고리 · 243
빨간 구두 · 246

1부
문학의 길

살구꽃의 낙하에 내 마음을 모두 빼앗긴 날 밤,
내내 한숨도 자지 못하고 뒤척이다가 나는 책상 앞에 앉았다.
볼펜으로 종이 위에 낙서하듯 끄적거렸다.
그날 무엇을 썼는지 모른다. 다만 내 글쓰기는 그렇게 시작되었다.

살맛나는 하루

'코로나19'가 발목을 묶는다지만 가만 있을 수는 없었다. 지인들과 함께 가는 여행은 들뜨게 한다. 날씨마저 쾌청해 최상의 기분으로 출발 했다. 일행은 네 사람, 서로를 속속들이 알고 있어 편안한 분위기로 체면을 차리거나 눈치 볼 필요도 없다.

차에 오르니 상쾌함이 웃음에게 자리를 내어준다. 제자리를 잡은 웃음은 안전벨트도 매지 않고 또르륵거리며 이리저리 마구 굴러다닌다. 차 안을 가득 채운 그 소리에 옷섶도 들썩거린다. 웃기지도 않은 말에 되로 주고 말로 받으며 하하호호를 연발한다. 화제에 따라 별것도 아닌 것이 소재가 되고 수시로 웃는 강도가 달라진다. 말이 있는 곳에 웃음이 있고 눈이 가는 곳에 화젯거리가 있다.

얼마나 웃었을까? 출출함이 장운동을 하고 싶단다. 여행의 묘미는 먹거리에도 있다. 사람 수만큼 준비해 온 간식 봉지를 하나씩 준다. 이제야 주인을 만난 먹거리가 눈인사를 한다. 기척도 없던 것들이 존재감을 알리더니 먹음직스런 모습으로 선택되기를 기다린다. 중간중간 끼어든 웃음은 소화제가 된다.

가을은 과일의 계절이라 해도 과언이 아니다. 붉은 기운을 가득 안은 감에 네 사람의 시선이 모인다. J가 감을 깎는다. 한 사람이 깎고 네 사람이 먹으니 깎기가 바쁘게 동이 난다. 감에 얽힌 이야기가 줄을 잇는다. 한 지인은 감 한 접을 이틀에 다 먹었다고 한다. 다른 과일과 다르게 아무리 먹어도 질리지 않다며 감 예찬론이 펼쳐진다. 나 또한 저녁이면 한 바구니씩 깎아 먹는다고 하니 모두가 감 벌레라며 또 웃음에 발동이 걸린다. 이래저래 웃음 릴레이다.

먹고 웃느라 언제 왔는지도 모르게 목적지인 회산 백련지에 도착했다. 화려함은 사그라졌지만 10만 평의 가시연꽃 군락지는 바라만 보아도 마음의 문이 활짝 열린다. 심호흡을 하며 연의 기운을 폐부에 저장한다. 대궁만 남아 있는 데도 곰삭은 멋을 느낄 수 있고, 바람의 흔들림에서 존재의 의미를 느낀다. 탁 트인 시야는 잠시 눈을 감고 생각에 잠기게 한다. 스치듯 지나가는 언어들을 바삐 주워 모으니 어느새 한 편의 시가 된다. 확인을 거듭하여 머릿속에 저장하는데 순간적으로 얻은 수확에 포만감이 든다.

행선지를 옮긴다. 아름드리 나무에 얽힌 사연을 읽는 동안 곡성에서 왔다는 문인을 만나 덕담을 나누는데 또 다른 일행이 끼어든다. 목포에서 왔다는 그들도 답사 중이란다. 문학이란 공감대에 생면부지의 사람과도 벽을 허문다. 햇살을 등지고 화면에 함께 모습을 담았다. 주거니 받거니 대화를 나누고 발길을 옮겼다.

계절의 변화도 어느새 동행한다. 고춧대를 뽑아 언덕에 쌓아둔 고즈넉함에서 수확의 재미가 덤으로 느껴졌다. 들국화에 매료되어 느려진 내 발길을 기어이 덩굴꽃이 잡았다. 줄기를 둘둘 말아 들국화 몇 송이와 함께 머리에 얹으니 화관무가 되어 가을을 만끽하는데 부족함이 없다. 자연과 하나됨이 이렇게 풋풋할 수가 없다. 나의 차림에 스스로 만족하며 마음의 글밭을 또 일군다. 이랑을 내고 두둑도 만든다. 거기에 내 언어를 심는다. 지금 당장은 아니지만 머지않은 날에 파종을 하리라 다짐하며 싹을 틔운다. 튼실한 싹으로 기르려고 사방에서 보고 즐긴 것을 주워 담는다. 들려오는 소리도 언어로 재포장을 한다. 잊어버리지 않기 위해 어렸을 적에 메뚜기를 잡아 풀줄기에 꿰었듯이 기억의 줄기에 촘촘히 엮는다.

웃음 배가 가득 찼는데 일행들이 점심으로 무엇을 먹느냐고 한다. 글밭에 홀린 나는 제정신이 아니다. 조금 전에 저장해 두었던 시를 되뇌이며 가을볕에 넌다. 바람에 나부끼는 나뭇잎과 함께 내 마음도 뒹구니 어쩌면 좋단 말인가. 그래서 가을에는 말도 살이 찐다고 했을까?

점심 시간이다. 나도 수저를 든다. 이미 채워진 내 배에 밥 한 공기가 거뜬히 들어간다. 아이 셋 낳은 사람의 배는 고무줄 배라더니 빈말이 아님을 실감하는데 공연히 혼자 미소가 지어진다.

씽씽 달리는 속도감이 좋다. 바닷바람과 어울려 놀 즈음 오전에 만났던 일행을 또 만났다. 인연도 보통 인연이 아니라며 바다를 바라보며 각자의 테이블에 둘러앉아 자연산 회보다 맛있는 문학으로 버무린 사람 간의 정을 먹는다. 이런 것이 여행의 재미던가. 보고 즐기고 나누는 것이 사는 재미일 것인데 여행의 재미까지 있으니 오늘 하루는 호강을 하고 또 하는 날이다.

'코로나19'로 인해 몇 사람이 묶어서 간 이번 문학기행은 색다른 체험이다. 시간에 얽매이지 않고 일행들과 나눈 대화며 웃음 속에서 일행의 또 다른 모습을 본다. 사람의 깊이가 어디까지인지 가늠해 본 살맛나는 하루다.

날이 밝기를 기다리며

내일의 외출이 무척 기다려진다. 설레는 이성이 있는 것도 아니고 함께 떠날 부모형제나 자식이 있는 것도 아닌데 말이다. 꽃구경 단풍구경 다니기 좋은 계절도 아니고, 찬바람 쌩쌩 부는 한겨울에 무슨 나들이냐고 해도 지금 내 가슴은 바람 가득 든 풍선처럼 부풀어 있다. 어릴 때 엄마가 손수 지어주신 색동저고리를 입고 설날을 손꼽아 기다리던 그 마음이다.

내가 운영하는 어린이집에 방학인데도 등교하는 아이들 보살피랴, 며칠 전 출간 된 수필집을 지인들에게 발송하느라 정신없이 지냈다. 하루가 몇 시간밖에 안 되는 것처럼 시간을 쪼개가면서 일했다. 좀처럼 끝나지 않을 것 같던 작업이 일 주일 만인 어제 늦은 오후에 마무리되었다. 날아갈 것 같은 기분이었다. 그 순간 생각나는 사람들이 있었다. 핸드폰의 숫자를 눌렀다.

신호가 몇 번 울린 후 들려온 목소리가 또르르 구르는 아침이슬 같았다.

즉석 제안을 했다. 만나자고. 언니도 기다렸다는 듯이 그러자고 했다. 이렇게 반겨줄 줄 알았으면 진작에 연락을 할 걸 하는 아쉬움에 약속 날짜와 시간을 정하고 전화를 끊었다. 다른 언니들에게도 전화했다. 약속이나 한 것처럼 언니들도 내 제안을 받아들였다. 날아가는 것 같은 기분에 피로도 말끔히 풀리는 것 같았다. 실로 오랜만의 약속이고 만나고 싶었던 언니들이라 저절로 콧노래가 흥얼거려지고 목소리가 튀어 올랐다.

1년 전까지만 해도 매달 만나던 언니들이다. 표정만 보고도 상대방의 기분을 헤아릴 수 있는 언니들과의 인연은 올해로 27년째다. 제일 큰언니와 막내인 나와는 열다섯 살 차이가 있다. 혈연 못지않은 동인으로 맺어져 많은 세월이 흐르는 동안 예쁜 글꽃을 피우고 튼실한 글 열매를 맺기도 했다. 그 열매가 뿌리를 내려 새로운 꽃밭을 만들었다. 때로는 뿌리째 뽑히고 낙과가 되어 안타깝기도 했지만 서로 자기의 글밭을 가꾸느라 여념이 없었다. 그러는 중에 뜻하지 않게 세월이 주는 어쩔 수 없는 틈새가 생겼다.

부모님이 생존해 계실 때 형제들의 매개체가 친정집이라면, 동인이란 회원들 자체가 튼튼한 연결고리였다. 그런데 그 연결고리도 숫자가 어느 정도 있어야 가능했다. 위태위태한 단계를 몇 번이나 넘겼는데 2016년 23집을 출간하고는 풀어진 고리를 더는 연결할 수가 없었다. 가정 사정, 자녀 문제 등으로 몇몇 회원들이 떠날 때는 그래도 결속력으로 뭉쳤다. 그런데 회원과의 영원한 이별은 돌이킬 수 없는 복병이었다. 엎친 데 겹친다더니 사그라들만 하면 또 번졌다. 장르를 바꿔 새 길을 닦는데 어느 누가 그 길을 막을 수 있으랴. 한번 길이 나니 그동안 억누르고 있던 끼를 발휘하며 새 길을 닦았다. 그리고 그 길로 접어들었다. 이제 네 사람만 남았다. 자연히 힘이 빠질 수밖에 없었다.

　동인은 결과물이 있어야 더 끈끈해진다. 그런데 네 사람이 결과물을 엮기가 쉬운 일이 아니었다. 젊음이 뒷받침될 때는 패기로 겁낼 일이 없었는데 패기도 잦아들었다. 그렇게 일 년이란 시간이 흐르는 동안 안타까움이 겹겹이 쌓였다. 가슴에서 바람이 일었다. 돌파구를 찾고 싶었지만 혼자의 힘으로는 가당치도 않았다. 그래도 시간은 무심히 지나갔다. 그런데 오늘 불현듯 그녀들 생각이 나 전화를 했던 것이다. 건강이 좋지 않았던 언니가 흔쾌히 내 청에 응해 주었다. 자신감이 생겼다. 두 번째 세 번째 언니들도 그러자고 했을 때 하늘을 나는 기분이었다. 이심전심이었을까?

　내일은 약속시간 보다 먼저 도착하여 언니들을 맞이하고 싶다. 오늘 버스표도 예매해 두었다. 늘 속사포처럼 가는 시간이 야속했는데 오늘은 왜 이리 시간이 더디 가는지 모르겠다. 언니들도 나처럼 내일을 기다리고 있을까?

　얼마나 학수고대 기다리던 날인가. 밀린 수다를 떨다 시간 가는 줄도 모를 것 같다. 그들과 맛있는 점심도 먹고 분위기 있는 카페에서 향을 음미하며 차도 마시고 싶다.

　생각은 모두 다르겠지만 내가 여태껏 《전라수필》의 틀 속에 있었던 것은 아직도 가슴 밑바닥에 남아 있는 글에 대한 욕망 때문이다. 내일 언니들이 《전라수필》에 불꽃을 활활 당겨주기를 간절히 바란다.

앞으로도

《전라수필》!

강산이 두 번이나 바뀌는 세월이 지났다. 그래도 모임 날이 다가오면 설렘은 여전했고, 나 자신과의 약속을 지키려 부단히 애를 썼다. 그래서 그랬을까? 밤새워 원고를 쓰면서도 고단하기는커녕 그 재미를 즐겼다. 과수원 일에 농사까지 짓다 보니 내 시간을 갖기란 쉽지가 않았다. 그러니 모임 전날이면 빈손으로 가지 않으려고 벼락치기 작품을 썼고, 품평회에서는 이리저리 얻어터지느라 정신이 없었다. 그러면서도 문학이란 끈을 놓을 수 없었다.

문학!

문학은 내게 있어 삶의 활력소다. 늘 나를 긴장하게 하고 무엇인가를 할 수 있도록 부추겨 주었다. 도전도 즐기면서 했다. 나이는 들어가는데 배우는 것이 재미있으니 계속 이어졌다. 그 중에서도 웃음 치료는 내게 자신감을 주었고, 그 자신감이 문학 활동을 하는데 적잖이 도움이 되었다.

나는 체격이 왜소한 데다 표정까지 굳어 있으니 사람들이 내게 "왜 화를 내고 있느냐?"고 했다. 그런데다 말주변까지 없어 설득력은 깡통이었다. 이런 내가 웃음을 배운 후부터 자주 받는 질문이 있다. "기분 좋은 일 있으세요?"였다. 인상이 바뀌었다는 말도 자주 들었다.

《전라수필》모임에서 돌아올 때는 늘 아쉬웠다. 살가운 정이 발목을 붙들기도 했지만 회원들은 하나같이 마음이 여리고 정이 많았다. 가게 앞을 지나오다 빈속으로 올 내가 생각나 빵이며 음료수를 사 와서 펼쳐놓았다. 어디 정뿐이랴. 회원들과 함께 먹고 싶어 먼 곳까지 발품을 팔아 떡을 사오기도 했고, 자식들이 사다 준 선물을 가져와 나누기도 했다.

우리는 발자국 소리만 들어도 서로의 기분을 알 수 있었고, 표정으로 마음도 읽을 수 있었다. 그러나 작품 품평회를 할 적이면 찬바람이 쌩쌩 불었다. 사람마다 생각이 다르듯 느낌도 다를 수밖에 없다. 아무리 심한 말이 오가도 서로를 위한 배려였기에 고마워하고 품평회가 끝나면 격려를 아끼지 않았다. 이것이 《전라수필》의 자랑이고 이십 년 동안 쌓아 온 우리들의 사는 모습이다. 피를 나눈 형제 못지않게 풋풋한 정과 살가운 마음이 회원 간에 있다.

  강의 시간이 촉박하고 가는 방향이 다른데도 버스정류장까지 태워다주는 정을 어찌 잊으랴. 남편을 병상에 두고 온 회원의 조바심을 어이 모르랴. 조금이라도 더 함께하고 싶어 바로 가는 버스를 두고 돌아가는 버스를 같이 타는 마음에 무슨 벽이 있겠는가. 성이 다르고 고향은 다르지만 서로를 향한 마음과 배려가 깊은 우리는 이십년지기들이다.

  비가 조금만 많이 와도 피해 없느냐고 안부를 묻고, 태풍이라도 불면 과수원이 걱정 돼 잠이 오지 않았다는 회원들의 염려가 감사할 뿐이다. 비가 오지 않으면 가뭄에 곡식들이 목마르겠다며 걱정해 주는 마음 씀씀이가 화롯불의 온기 같았다.

  가슴이 아린 사건도 있었다. 눈이 얼마나 왔던지 버스가 끊어졌다. 물어물어 송정리역까지 걸어가 열차로 순천까지는 갔는데 광양 가는 버스는 고사하고 택시도 가지 않겠다고 했다. 사정사정하여 턱없는 택시비를 주고 가면서도 가슴이 두근두근했다. 택시가 가다 서다를 반복하고 가까스로 집에 도착했을 때 옷이 땀에 흠뻑 젖어 있었다. 품평회를 마치고 달려서 갔건만 막 버스가 출발해 버려 무료하게 다음 버스를 기다리는 안타까움도 있었다. 이 모두가 내가 좋아서 한 일이었고 앞으로도 계속할 일들이다.

  이십 년을 되짚어 보면 잃은 것도 있다. 건강이 좋지 않아, 가정 형편상 문학활동을 접을 수밖에 없는 회원도 있었다. 하나같이 마음이 여린 회원들이라 안타까움은 이루 말할 수 없다.

  이십 년, 짧지 않은 세월이다. 그 세월 속에 내 청춘이 있고, 문학의 열정도 송두리째 들어 있다. 바람이 있다면 우리 모두 이십 년은 더 문학에 대한 열정을 나누었으면 싶다. 회원 중에는 강단에서 후학을 가르치는 교수님, 이야기 선생님, 문하생을 가르치는 회원, 살림 사는 재미에 폭 빠진 회원, 퇴임한 남편과 알토란처럼 사는 회원, 꿈나무들과 함께 생활하는 회원도 있다. 어디서 무엇을 하든 모두 건강하기를 바라고 또 바란다.

글쓰기의 시작

 욕망이 숨바꼭질 한다. 보일 것 같으면서도 보이지 않았고, 잡힐 듯 하면서 잡히지 않았다. 오늘도 나는 그를 찾아 나섰다. 매번 헛걸음만 하고 돌아오기 일쑤였지만 원망을 하거나 후회하지 않았다. 내가 그를 탓하지 않는 것은 이런 기회로 인해 새로움에 도전을 할 수 있는 용기를 얻기 때문이었다.
 우연한 기회에 체신부에서 주관하는 편지쓰기에 응모했다. 젖이 모자라 맘죽으로 7남매를 키운 어머니께 편지를 썼다. 운이 좋았던지 입상하였고 그것이 계기가 되어 《편지 마을》 회원이 되었다. 편지 한 통이 나에게 긴 인연의 끄나풀을 내밀었다. 《편지마을》에서 문학이란 울타리를 만난 것이다. 그런데 그 울타리를 서성거리기만 할 뿐 선뜻 다가갈 수가 없었다.
 펴지지 않은 손바닥을 억지로 펴려고 지지리도 애를 썼다. 억지를 부리니 허기가 느껴졌다. 무엇이라 꼬집어 말할 수는 없지만 배고픔은 또 다른 싹을 틔웠다. 하지만 곁가지만 무성할 뿐 자양분을 뽑아 올릴 수 있는 뿌리를 내리지 못했다. 조금만 바람이 불어도 심하게 흔들렸고 심지어는 큰 물체만 지나가도 지레 겁부터 났다. 그렇게 몸부림을 치고 나면 가슴앓이를 했다.

 어느 날 밤, 잠은 오지 않고 뭣인가 내 가슴 밑바닥에서 꿈틀대는 소용돌이에 더는 참을 수 없어 밖으로 나왔다. 무심결에 달빛을 등지고 떨어지는 살구꽃을 보는 순간 나도 모르게 탄성이 나왔다. '아, 이것이구나!' 은은한 달밤에 사뿐히 내려앉는 꽃송이의 무희는 무엇에도 견줄 바 없는 아름다움 그 자체였다. 눈이 저절로 지그시 감겨졌다. 다시 눈을 뜨고 보면 볼수록 내 마음을 사로잡았다. 그대로 잠을 잘 수가 없었다. 속이 후련해지면서 아무리 펴려고 애써도 펴지지 않던 손바닥이 저절로 펴졌다.

 기웃거리기만 하던 《편지 마을》에 발을 내딛었다. 연이어 《전라수필》에도 발을 딛었다. 그러나 저만치 앞서가는 회원들을 따라가는 것은 늘 버거웠다. 회원들은 쉬엄쉬엄 가도 잘도 가는 것처럼 보였는데 나는 달려야만 했다. 앞만 보고 걷는 데도 돌부리에 채이고 발은 부르텄다.

 아무리 열심히 걸어도 허둥대기만 할 뿐 회원들과의 거리는 점점 벌어졌다. 거리를 좁히려고 달려도 속력이 나지 않았다. 되레 넘어져 피투성이가 되어 상처만 생겼다. 그래도 달리지 않을 수 없었다. 속도는 내지 못할망정 끈기라도 있어야 했다. 얼마나 넘어졌던지 온몸이 상처 자국이었다. 처음에는 내 몸이 아닌 것 같았다. 상처도 내 몸의 일부로 받아들이려면 잠자는 시간을 줄여야 했다. 하지만 과수원지기인 나에게 일거리는 끊이지 않았고 피곤하면 잠부터 왔다. 그러나 나는 쏟아지는 잠을 떨치고 가슴속에서 꿈틀거리는 것을 찾아내어야 했다.

나 자신의 모습을 회원들에게 보이는 날이면 발가벗고 서야 했다. 그러나 아무리 뜻을 같이 한다고 해도 그들 앞에 서려면 겁부터 났다. 너무 작은 모습을 감추기 위해 억지로 부풀리거나 가면이라도 쓰면 그들은 여지없이 내 허물을 들추어내었다. 그리고는 매질을 해 댔다. 연한 살에 상처가 나도 매질은 이어졌고 스스로를 어렴풋이나마 보게 될 때 매질이 멈추었다. 상처로 얼룩진 몸은 가누기조차 힘이 들었다. 탈진 상태에 이르러 갈피를 잡지 못하고 있을 즈음이면 회원들이 따스한 손길을 내밀었다. 그런데 그렇게도 매질을 해대던 손이었건만 손길은 봄 햇살처럼 따스했다. 아무리 상처가 깊어도 그들의 손길이 지나고 나면 다시 용기가 생겼다.

회원들이 보듬어 안아 주는 데 힘이 실렸다. 마음까지 보태어 덤으로 정까지 흠뻑 주었다. 모임 날이면 밥도 먹지 못하고 왔을 거라며 먹을거리를 가져와 허기를 채워주기도 했다. 혈육 버금

가는 정들이었다. 버스 시간에 허둥대며 가는 나에게 택시를 잡아주기도 했고, 강의 시간이 임박한 데도 터미널까지 데려다 주는 날도 있었다.

  살구꽃의 낙하에 내 마음을 모두 빼앗긴 날 밤, 내내 한숨도 자지 못하고 뒤척이다가 나는 책상 앞에 앉았다. 볼펜으로 종이 위에 낙서하듯 끄적거렸다. 그날 무엇을 썼는지 모른다. 다만 내 글쓰기는 그렇게 시작되었다.

빛바랜 종이 한 장

책상을 정리하는데 수첩에 누리끼리한 종이가 끼어 있다. 내 어릴 적 보았던 할아버지의 봉초 말이 담배 종이와 흡사하다. 오랫동안 책상에서 잠자고 있었음을 색깔로 말해 준다. 호기심이 발동해 조심스레 펼쳐본다.

'1998년 12월 29일 사방이 눈 천지다. 눈이 밖에 보이는 사물의 모양과 색깔을 모두 덮어 버렸다. 지저분한 것도 울퉁불퉁한 것도 없다. 어제는 나의 생사를 가늠할 수조차 없게 한 그 눈이다. 몸서리가 처진다. 객지에서 그것도 가족과 연락이 두절된 상태에서 얼마나 마음을 졸였던가. 매 순간이 심장을 옭아맨 내 생애 최악의 날이었다. 어제의 일은 기억조차 하기 싫다.'

글자가 듬성듬성 흐려져 있다. 글을 쓰다 말고 악몽 같은 기억을 더 이상 하고 싶지 않아 수첩에 끼어 둔 것 같다. 아스라이 그날의 일이 떠오른다.

문학모임이 광주에서 있었다. 집에서 출발할 때는 쾌청한 날씨였는데 광주터미널에 도착하니 눈이 소복소복 내렸다. 모임을 마치고 서둘러 터미널로 갈 때는 앞이 보이지 않게 내렸다. 택시를 타려고 한참을 서성댔지만 오지 않아 걸어서 터미널로 갔다. 그런데 이게 무슨 조화란 말인가. 매표소에 전 노선의 버스가 결행이란 글귀가 붙어 있었다. 억장이 무너졌다. 사방이 소란스럽고 사람들은 우왕좌왕했다. 바삐 움직이는 사람들에게 어디로 가느냐고 물었더니 기차는 운행하니 송정리역으로 간다고 했다. 나도 그 사람들의 뒤를 따랐다. 택시 승강장은 인산인해였고 질서는 있으나 마나 한 구호에 불과했다.

밀고 밀치는 몸부딪침을 하며 송정리역으로 가는 사람들과 어렵사리 택시에 합석했다. 택시는 술 취한 주객처럼 이리 비틀 저리 비틀 간신히 움직였고 눈은 퍼붓듯이 내렸다. 길 가운데서 멈춰 선 택시는 더 이상 갈 수 없다며 내리라고 했다. 약속이나 한 듯 모두가 사정했지만 무리한 요구였다. 택시에서 내리니 한 치 앞도 보이지 않게 눈이 내렸다. 버스로 30분이면 갈 수 있는 거리를 몇 번이나 넘어지고 미끄러지면서 네 시간 만에 송정리역에 도착하여 기차표를 예매했다.

이제는 집에 갈 수 있겠다는 안도감이 들었다. 그러나 그 안도감은 오래 가지 않았다. 중간에 철길이 끊어져 역에서 대기시킨 버스로 갈아타고 한 정거장을 간 다음 다시 기차를 타고 순천역에 도착했다.

순천만 가면 집에 가는 것은 걱정이 없을 것 같았다. 참으로 어리석은 착각이었다. 택시는 줄지어 서 있는데 운행을 하겠다는 기사가 없었다. 평소의 몇 곱절을 준다고 해도 머리를 절레절레 흔들었다. 가까운 거리도 아니고 밤도 깊어 걸어서 갈 엄두도 나지 않았다. 아무리 사정을 해도 택시 기사들은 요지부동이었다. 그들조차 더러 차를 세워두고 걸어서 집에 갔다고 했다. 사람들이 발만 동동 구를 뿐 마중을 오는 이도 없었다. 서로 행선지를 물으며 같은 방향의 사람들이 삼삼오오 걸어서 갔다. 가족과 통화하고 가까운 숙박업소로 가는 사람도 있었다.

광양으로 갈 사람이 네 명이었는데 누구도 걸어서 갈 처지가 못 되었다. 관절염 환자, 다리에 깁스를 한 사람, 굽 높은 구두에 미니스커트 차림의 사람, 나 역시 구두를 신었고 송정리역으로 갈 때 몇 번이나 넘어져서 또 미끄러운 길을 걷다가는 골절상 입는 것은 시간 문제였다.

값을 후하게 주면 택시 기사의 마음을 움직일 수 있을 것 같다는 제보가 들어왔다. 통 큰 거래를 했다. 오천 원이면 갈 수 있는 택시비를 1인당 오만 원을 제시하고 통사정했다. 글쓰기에 집중하느라 남편에게 모임에 간다는 말을 미처 하지 못한 내 가슴은 녹아내렸다. 설상가상으로 집 전화까지 불통이었다. 그러니 집에서도 행방불명이 된 나 때문에 발칵 뒤집힐 것이 분명했다. 후에 안 사실은 눈의 무게를 감당하지 못해 전화선이 끊어졌다고 했다. 휴대전화가 없던 시절이었으니 달리 연락할 방법도 없었다.

그날 우리를 태워준 기사는 대장암 말기로 입원해 있는 노모의 병원비와 고등학교 3학년인 아들의 대학등록금 마련을 위해 목숨을 담보로 운행한다고 했다. 가는 도중 몇 차례나 바퀴가 헛돌고, 아슬아슬한 상황에 직면하곤 했다. 승객인 우리는 두 손을 꼭 쥐고 얼마나 긴장을 했던지 이까지 악물었다. 택시가 가로수를 받기 직전에 낭떠러지에서 간신히 멈추자 기사가 "돈이 원수다"하고 한 마디 던졌다. 다리에 깁스를 한 사람까지 내려 차를 밀면서도 기사에게 조심히 운전하라거나 불편하다는 불만을 할 수 없었다. 가슴 졸이기는 기사나 손님이나 매한가지였으니 서로 격려하며 감사한 마음뿐이었다.

턱없는 값을 지불하고도 버스 다니는 길에서 내려 걸었다. 어두운 데다 길인지 논인지 분간이 되지 않아 가늠으로 걷다 발을 헛디뎌 넘어졌다. 일어서서 걸으려는데 발목에 통증이 있어 기다시피 가는데 누군가 가까이 다가오는 소리가 들렸다. 놀라 오도 가도 못하고 떨고 있는데 노루가 경중경중 오다 나를 보고는 오던 방향으로 숨차게 뛰어갔다. 평소 10여 분이면 갈 수 있는 거리를 무서움에 떨고 통증에 시달리며 거의 한 시간여만에 집에 도착했다. 옷이 땀에 흠뻑 젖어 있었다.

남편의 불호령이 떨어졌다. 집이 울리도록 한참이나 호통을 치던 남편이 사람꼴이 아닌 내 모습을 보고는 어찌 된 영문이냐고 물었다. 집에서 기다리던 사람이나 집을 나선 사람이나 애태우기는 마찬가지였는데 사전에 미리 말을 하지 못한 까닭으로 나는 죄인 아닌 죄인이 되었다.

그날 이후 외출을 할 때는 걷기 편한 신발을 신었고, 가족에게 미리 외출을 알렸다. 또한 글을 써야 할 때는 미리미리 마무리를 지었다. 20여 년이 지난 지금 생각해 보니 그런 고생과 대가가 현재 삶의 지침이 되었으니 눈으로 얻은 값진 인생 경험이 아닌가 싶다.

오늘도 나는 눈 오던 날의 그 아픔은 잊어버리고 《전라수필》에 갈 원고를 정리한다. '세월이 약.'이라는 말을 실감하면서 수첩에 이렇게 적었다.

1998년 12월 28일, 《전라수필》 모임에 참석했는데 하늘에 구멍이 난 것처럼 눈이 쏟아졌다. 어떤 어려움도 극복하려는 의지가 있으면 뜻을 이룰 수 있음을 깨달은 날이다.

소풍을 다녀와서

　올겨울 들어 가장 추운 날이란다. 이런 날 지인들과 함께 여수로 나들이를 갔다. 평소 내 일에 적극적으로 협조해 준 고마움을 어떻게 보답할까 생각하다 주선한 소풍이다.
　아침부터 칼바람이 불었다. 오늘만은 그들을 위해 봉사하리라 마음먹었는데 가는 동안 이변이 생겼다. 뜻하지 않게 걸려온 전화 통화 시간이 길어졌다. 그래도 약속 시간까지는 여유가 있어 안도감이 드는 찰나에 또 전화가 울렸다. 가장자리에 주차하고 번호를 확인하는 순간 가슴이 철렁했다. 불참을 알리는 전화일 것 같아 머뭇거리다 통화를 하니 약속 장소의 변경을 알렸다.
　그곳에 지인이 없었다. 이리저리 두리번거리다 가만히 생각해 보니 내가 장소를 잘못 알아들은 것 같았다. 얼른 자동차의 방향을 바꿨다. 그런데 버스정류장에도 없었다. 사방을 살피는데 저 멀리서 누군가 바삐 오는 모습이 보였다. 그녀도 내 차 색깔을 보고 손짓했다.

당초 약속 시간 보다 15분이 지나 모두 모였다. 오래 기다린 지인이 약속 시간은 지키자고 했다. 머리를 감고 다 말리지도 못하고 서둘러 와서 늦은 시간만큼 찬바람을 맞으며 기다렸으니 뿔이 날만도 했다. 상기된 볼이 뿔 난 정도를 짐작케 했다.

오늘 소풍은 네 사람이 동행했다. 우리에게는 공통분모가 있다. 문학이란 매개체다. 때로는 냉철한 비판자가 되었고, 지지자도 되어 격려하면서 문학의 싹을 키웠다. 그러면서 서로의 사정을 속속들이 알게 되었고 정도 쌓였다. 작은 정이 하나둘씩 모이는 사이 어느새 혈육이나 진배없게 되었다. 그렇다고 무조건 지지하는 것이 아니었다. 잘못된 생각은 일깨워주는데 주저하지 않으면서 아픔은 함께 했다. 문학이란 울타리에서 만나 삼십 년이란 세월을 함께하다 보니 표정만 보고도 기분을 알 수 있다.

골라 먹는 재미가 있으니 자기가 먹고 싶은 것을 사 가자고 하니 두둑한 가방에서 비닐봉지를 꺼내 하나씩 주었다. 귤이며 음료수, 과자가 들어 있다. 이야기와 먹거리에 입이 즐겁다. 웃음이 데굴데굴 차 안에 굴러다녔다. 우리가 함께했던 일들이 이야기의 주제다. 한 지인이 여태 목에 걸려있는 말이 있다고 했다. 오늘은 우리의 마음을 털어내는 날이니 시원하게 말해 보라고 하니 서두를 꺼냈다. 셋은 기억조차 없는데 본인은 가시였단다. 서로가 잘 통한다고 생각했는데 그게 아니었다. 사과하고 응어리를 풀자고 했다. 말은 하는 사람과 받아들이는 사람에 따라 생각이 다를 수 있으니 신중히 해야 한다고 입을 모았다.

목적지가 가까워질수록 차가 기어갔다. 그래도 다들 여유가 있었다. 가다서다를 반복하며 목적지에 도착했다. 차에서 내리니 바닷바람이 사정없이 뺨을 때렸다. 목도리로 목을 감싸고 옷깃을 세웠다. 서로 옷깃을 여며주며 우리의 모습을 카메라에 담았다. 아무리 바람이 쌩쌩 불어 훼방을 해도 우리의 나들이를 가로막을 수 없었다.

오늘 우리의 표정이 줄곧 환한 것은 종교도 한몫했다. 모두가 불교 신자라 법당에서 불공을 드리고 경내를 산책했다. 기도가 긴 회원을 기다리며 먼 바다를 보았다. 파도가 넘실대는 푸른 바다에 가슴 귀퉁이에 끼어있는 고민거리를 꺼내 던졌다. 홀가분했다. 표정이 좋다며 카메라에 내 모습을 담더니 이리저리 자리를 옮겨가며 포즈를 잡으라고 했다. 회원들의 표정도 환했다. 그들도 법당에서 혹은 바다에 고민거리를 떨쳐버렸나 보다.

갈치조림과 해물된장국으로 얼얼한 속을 채우면서도 정이 오갔다. 말이 아닌 마음으로. 이것이 사람 사는 정이고 함께한 우정인가 보다. 다음 행선지로 옮기는 중에도 수다가 따라다녔다.

새로 조성된 예술랜드가 완공은 되지 않았다. 그래도 눈요깃거리가 많았다. 온갖 악기를 켜는 동작의 조각상 앞에서 우리도 같은 자세를 취했다.

  베풀기를 잘하는 지인을 설득하여 우리의 발걸음이 잦았던 식당으로 갔다. 팥죽이며 차를 마시며 다 나누지 못한 이야기보따리를 또 풀어헤쳤다. 어둠도 우리 이야기를 듣는지 가끔씩 가로등이 흔들렸다. 오랜만에 네 사람이 함께 느긋이 보낸 하루다. 단순한 나들이가 아닌 우리를 돌아보고 우정도 다지며 찌든 삶의 무게를 털어 냈다. 오해도 풀어서 좋다. 말을 하지 않으면 상대방은 모를 수 있으니 앞으로는 서운한 것은 즉시 풀자고 했다. 사는 게 별거냐고. 여유는 물질이 아닌 마음에 있는 것이라며 발걸음을 옮겼다. 돌아서는 뒷모습에 다들 여유가 있다. 뒤따르는 그림자도 가벼워 보인다. 두고두고 생각날 것들을 털고 담고 모은 하루다.

2부
울타리

부부는 이런 것인가.
서로 생각하고 염려하는 사이 말이다.
깨달음으로 시작하는 오늘은 기분부터 상쾌하다.

가족은 작은 것도 나누고 배려하면서
끈끈한 정으로 엮어진 울타리라는 생각을 해 본다.

기분부터 상쾌한 오늘은

　새벽녘에 잠에서 깨 얼른 시계를 보니 4시 40분이다. 일어나 기지개를 켜고 이리저리 몸을 움직여 본다. 기분 좋은 신호가 온다. 마음도 육신도 가뿐하니 더 바랄 게 무엇이냐는 혼자만의 만족감으로. 커피포트 스위치를 켰다. 습관적으로 책으로 눈이 가 윗목에 있는 지인의 수필집을 든다.
　따뜻한 물 한 컵으로 속을 따뜻하게 하였으니 이제 마음을 채울 차례다. 책 표지를 유심히 살펴본다. 산을 배경으로 그린 그림이 무언가를 암시하는 것 같은데 그 뜻을 알 수 없다. 머리말에 지인의 마음이 오롯이 담겨있다. 보고 싶은 마음을 글로 삭였다는 대목에서 더 이상 감정 조절이 안 된다. 물 한 모금으로 또 목을 축이고 차례를 살펴본다. 글의 제목만 보아도 지인이 어떻게 생활했는지 그 모습이 그려진다.

책장을 넘긴다. 그 속에 외로움에 지친 지인의 모습이 있다. '울지 마. 그래도 너는 버틸 수 있을 거야.' 라고 혼자 되뇌이며 훌쩍거린다. 곁에 있을 때는 몰랐는데 떠난 후 반쪽의 자리가 얼마나 컸는지 느껴진다고 했다. 왜 못해 준 것만 생각나는지 모르겠다는 뉘우침이 나 자신을 돌아보게 한다.

요즈음 남편의 몸놀림이 굼뜨다. 한 달 전에만 해도 사방에서 파릇파릇 돋아나는 새싹만 보아도 힘이 솟는다던 그이였다. 그런데 어제 오늘 피곤하다며 방 안에서 지내는 시간이 부쩍 늘어났다. 봄을 타서 그러나 생각도 해보았지만 예사롭지가 않다는 느낌이 든다. 무언가 신호가 오는 것 같은 예감까지 온다. 잠자는 얼굴을 살펴본다. 편안해 보이는 모습에 마음이 조금 안정된다.

다시 책 속으로 빠져든다. 함께 여행 갔던 곳에서 혼자 읊조리다 돌아왔다고 한다. 그때는 괜한 낭비라는 생각에 남편이 한번 먹어보자던 경양식 집을 뒤로 하고 국밥집으로 앞장서 들어갔다고 한다. 아이들 등록금 마련으로 지쳐있을 때라 그런 호사스런 식사는 여유가 있는 사람들이나 하는 줄 알았다는 것이다. 이제 먹어보려고 해도 그 사람이 밟혀 먹을 수가 없다고 털어놓았다. 오랜만에 아내 기분 맞추어 주려던 남편의 속내도 모르고 주머니 사정만 헤아린 자기 행동이 지금 생각해 보니 야속하다고 한다.

가슴이 뜨끔하다. 지인이 '너도 후회할 짓 하지 마.' 하는 것 같다. 며칠 전 손자들과 나들이를 갔었다. 남편이 외식하자고 했을 때 그냥 집에 가서 먹자고 했다. 식당에서 다소곳이 앉아 밥만 먹을 아이들이 아니었기에 외식비로 고기 사 집에 가서 구워 먹자고 했는데 남편의 기분을 몰라준 것이 미안하다. 오랜만에 손자들에게 할아버지 사랑을 쏟고 싶었을 것인데 주위를 산만하게 할 것이라는 내 생각만 한 것이다. 한 사람이 물을 먹으면 덩달아 먹고, 소란을 피워 다른 분들에게 불편하게 할 것이 미안해 집에 가서 먹자고 했을 뿐이다. 그런데 이유가 어찌 되었던 남편의 기분을 몰라주어 미안하다.

의견 차이는 사소한 것에서 생긴다는 말이 퍼뜩 떠오른다. 생각의 차이는 전환으로 바꿀 수도 있는데 거기에까지 미치지 못한 것은 아둔함 때문인지도 모른다. 며칠 후면 어린이날이다. 그날은 세 살, 다섯 살, 일곱 살 손자들 틈새에서 남편과 함께 하루를 보내리라.

지인을 통해 나를 보고 내 허물도 생각한다. 상대방의 의견이 내 생각과 다르다고 해서 반대하기에 앞서 한 번 더 생각해 보는 여유를 가지도록 노력해야겠다. 오해는 작은 것에서 생길 수도 있듯이 믿음 또한 작은 것에서 비롯되기도 한다. 문득 남편의 기운 없음이 내 탓이 아닌가 하는 생각이 든다. 손자들 뛰어노는 모습만 보아도 좋다는데 밥 먹자는 것을 훼방했으니 말이다.

지인이 그러는 것 같다. "곁에 있을 때 잘하라."고.

나날이 옷을 갈아입은 산야가 있어서 눈호강을 한다. 들국화 꽃송이에 마음이 부풀어 오르고, 청미래 열매의 빛깔이 붉어질수록 눈이 치켜떠진다. 무거운 마음과 눈이 제각각인 것이 다행이다.

그때 지인은 친정어머니 병원비를 조금이라도 더 보태드리고 싶어 절약을 했다고 한다. 그런데 남편의 건강이 악화되어 이렇게 될 줄 몰랐다는 고백이 담담하게 내 가슴으로 스며든다.

남편이 자리에서 일어나며 "좀 더 자지 벌써 일어났는가?" 하며 내 건강을 염려한다. 부부는 이런 것인가. 서로 생각하고 염려하는 사이 말이다.

깨달음으로 시작하는 오늘은 기분부터 상쾌하다.

남편의 정년퇴임

　시월의 첫 주말. 오늘은 취미생활을 함께 하는 회원들의 정기 모임이 있는 날이다. 시간 가는 줄 모르고 일을 하다 문득 시계를 보니 약속 시간이 얼마 남지 않았다. 엉킨 머리를 대충 빗고 채비를 서둘러 바삐 걷고 있는데 등 뒤에서 부르는 소리가 들린다.
　선배가 반색한다. 그렇지 않아도 한번 만나고 싶었다며 호들갑이다. 나는 바쁜데 그녀는 한가롭게 남편의 퇴임식 상황을 들려달란다. 자기 남편도 머잖아 퇴임이라면서. 딱히 들려줄 이야깃거리가 없다고 하니 선배는 정색을 하며 모든 것을 말해달라고 한다. 하지만 나는 선배의 궁금증을 어느 것 하나 풀어 줄 수가 없다. 성의가 없어 보이는지 건성으로 하지 말고 자세히 알려달라고 채근까지 한다. 그렇지만 화려한 정년퇴임식을 생각하는 사람한테는 더더구나 해 줄 말이 없는 걸 어떡하랴.

남편은 사십 년 동안 다니던 직장을 그만두면서도 퇴임식을 하지 않았다. 아내인 나도 거기에 대해 이해하지 못하고 한때는 얼굴이 울그락불그락 했는데 세상 잇속에 밝은 선배로서는 어찌 상상이나 하겠는가.

퇴임이 결정된 후 남편은 퇴임식에 대해 일언반구 말이 없었다. 일가친척이며 지인들은 퇴임을 언제 하느냐고 물어오는데, 그때마다 얼버무리고 지나갔다. 그런 남편이 갑갑했던지 하루는 친정어머니가 사위에게 물었다. 한참을 뜸들이던 남편은 "이미 퇴임은 했고, 퇴임식은 안 했다"고 하는 것이었다.

허허벌판을 혼자 걷는 느낌이었다. 누구처럼 한몫 챙기려는 심사도 없었고 사람들에게 부담 같은 것은 더욱 주고 싶지 않았다. 그런데도 도둑맞은 기분이고 내가 저 사람의 아내인가 싶었다. 어떻게 평생을 다닌 직장 생활을 일을 하다 싫증나서 그만둔 사람처럼 그렇게 끝을 맺는단 말인가. 하지만 남편에게 더 이상 타박을 할 수가 없다. 내가 하는 보육 사업을 도와주려고 정년을 두 해 남겨 놓고 명예퇴임을 하기 때문이다. 그런데도 나의 입술은 툭 튀어나왔다. 두 아들이 결혼할 때도 청첩장 보내지 말라고 신신당부했던 일을 생각해 본다. 직장 동료들에게조차 아들의 결혼 사실을 알리지 않았는데, 자신의 퇴임이야 얼마든지 임의대로 결정할 수 있는 일 아닌가.

남편의 생각은 유별날 정도로, 큰일을 치를 때면 별스러움이 나타난다. 남에게 절대로 부담을 주지 말자는 것이다. 퇴임식을 하면 일백 명이 넘는 직원들이 출근해야 하는데 그것이 민폐라는 것이다. 동료들에게는 여름방학이 시작될 즈음 퇴임 사실을 알렸고, 친목 담당 선생님께 전 직원의 회식 비용을 드렸다고 한다. 그리고 제자들에게는 미리 말을 했단다. 그러니 퇴임식에 대해 무엇을 말해 주겠는가.

모임을 마치고 남편과 동승하여 가을길을 달린다. 뒤늦은 퇴임 기념 여행인 셈이다. 하늘이 참 높다. 흰 구름 한 점이 너울너울 춤을 추듯 흘러간다. 그 구름에 내 마음을 싣는다.

들판에 서 있는 허수아비의 한가로움이 좋다. 힘겹게 리어카를 끌고 가는 아저씨 이마의 땀방울이 잘 여문 벼이삭 같다. 코스모스의 몸놀림은 허리 굵은 사람들에게 이렇게 움직여 보라고 전하는 모양이다. 아등바등 살아도 살아갈 가치가 있다고 바람 한 줄기가 내게 속삭인다.

다음 주말에는 아들네 식구와 함께 둘러앉아 오붓하게 퇴임 기념 축하의 자리를 마련해야겠다. 늦었지만 따뜻한 시간이 되지 않을까.

앞으로도 아이들과 함께 열심히 살아갈 사람, 언제나 성실하게 최선을 다하기에 오늘이 생애 최고의 날이라는 사람. 비록 퇴임식도 없이 직장생활에 종지부를 찍었지만 그 사람의 아내라는 사실이 든든하다.

남편의 입이 돌 지난 손자 손녀의 재롱에 귀에 걸려 있다.

울타리

　몇 번이나 들락거리며 문단속을 확인하던 딸아이가 잠이 들었다. 고른 숨소리를 내는 아이의 옆에는 언제 챙겨 두었는지 야구 방망이가 놓여 있다. 말은 하지 않아도 무서웠던 모양이다.
　어제부터 집안에는 딸아이와 나 둘 뿐이다. 낮에는 아무렇지도 않았는데 나 역시도 어둠 속에서 두려움이 고개를 내밀었다. 집안에 남자가 없기 때문에 작은 소리에도 촉각이 곤두서고 괜스레 겁이 났다. 무슨 소리가 들렸다. 귀를 세우고 현관문에 온 신경을 쏟고 있는데 전화벨이 울렸다. 임지의 남편이다. 긴장을 한 상태에서 수화기를 들어서인지 목소리에 겁이 묻어난 모양이다. 별일 없느냐는 물음에 야구 방망이와 쇠 파이프가 곁에 있다고 하니 마음부터 안정을 찾으라고 한다.
　기다리는 사람이 없어서인지 깊은 밤의 개 짖는 소리도 한가롭다. 가족들의 얼굴 중에서 객지에서 직장 생활을 하는 남편이 제일 먼저 떠오른다. 혼자 자취를 하고 있으니 아무래도 먹는 것이 시원찮을 것이란 염려가 뼛속으로 사무쳐 온다. 끼니를 거르지 않고 먹고는 있다지만 까칠하고 덥수룩한 얼굴이다.

남편과 달리 병영의 큰아들은 활기가 있다. 먹는 것이 귀하던 시절에는 배고픔의 표본이 군대였다지만 요즈음은 웬만한 가정보다 군대 식단이 더 영양식이면서 풍부하다는 어느 장교의 말에 믿음이 갔다. 군대라는 관문을 통과해야 남자로서 기백과 정신력이 길러진다고 생각해서일까. 아들을 입대시키고 나서 한결 여유도 생겼다. 바람이 있다면 학교에서나 사회에서 경험하지 못했던 새로운 세계에서 많은 체험을 했으면 싶다.

전화벨이 울렸다. 큰아들이다. 집안 걱정은 하지 말라는 내 말에 "엄마 멀리서 아들이 지켜주고 있으니 마음 푹 놓고 주무세요." 한다. 의젓하게 말은 하는데 내심 걱정인 모양이다. 통제된 생활을 하면서도 가족을 걱정하는 대견함이 뿌듯하다. 가족 염려는 병영의 아들이라고 예외는 아닌가 보다. 대기자가 많다며 안심하고 쉬라는 말을 남기고 서둘러 수화기를 내려놓았다.

문득 큰아이 입대 날 내가 한 말이 생각났다.

"양리야, 군대는 봉사하는 곳이다. 나 자신에 앞서 우리 모두를 생각해야 한다."

내 바람대로 봉사를 밑바탕으로 병역의 의무를 충실하게 수

울타리 49

행하고 있는지 알 수는 없으나 엄마와 동생이 걱정되어 안부를 묻는 아이라면 군 생활도 잘하리란 생각이 든다. 마음이 차분해진다.

또다시 전화벨이 울렸다. 심호흡을 하고 수화기를 들었다. 초저녁에 통화를 한 둘째 녀석이다. 차분한 내 음성을 확인한 둘째는 "엄마, 걱정이 되어서 전화했어요" 한다. 엄마와 여동생만 집에 있어서 마음이 놓이지 않아 전화를 하는 거란다. 다소 흥분 된 어조로 "엄마, 안 무서운가?" 한다. 우리 집인데 왜 무섭느냐고 하니 "우리 엄마 강심장은 알고 있어요." 제법 철이 든 목소리다. 다들 방에서 놀고 있는데 혼자 빠져나와 전화를 했단다. 엄마 걱정일랑 말고 재미있게 놀고 멋있는 추억도 많이 만들어 오라는 내 말에 녀석은 엉뚱한 말을 한다. "엄마! 아빠, 형, 그리고 나 생각 많이 했지." 하며 이런저런 말로 무서움증을 없애주려는 마음씀이 기특하다. 평소처럼 둘째아들이 곁에 있다고 생각하고 잠을 자라는 말을 남기고 전화를 끊었다.

둘째아들은 어제 3박 4일 일정으로 수학여행을 떠났다. 평소 소심한 성격인 내가 걱정이 되는지 새벽같이 안부를 물어오더니 오늘 하루 동안 몇 번이나 전화했다. 그래서 가족이 좋은 것인가 보다. 변화에 민감하고 더불어 생각해 주는 정이 가족 구성의 틀이다. 친구들과 어울려 즐겁게 지내야 할 녀석의 심중에는 엄마와 여동생이 걱정인 것이다.

불과 몇 개월 사이에 우리 집에는 많은 변화가 생겼다. 큰아이의 입대는 당연한 것이었지만 남편의 발령은 대책 없는 현실임을 인정해야 했다. 더구나 객지 발령은 우리 가족에게 너무나 큰 부담이었다. 남편의 빈자리는 집안 곳곳에서 날마다 나타났다. 그러나 그 자리를 부족하나마 가족이란 동반자들이 채워간다. 날이 저물면 문단속부터 신경을 쓰면서 남편과 병영의 큰아들을 떠올리곤 한다.

둘째가 돌아오는 모레 저녁까지 우리 집에 남자는 없다. 그렇지만 이제부터는 움츠러들지 않을 것이다. 비록 멀리 있지만 마음으로 지켜주는 남편과 두 아들이 있기 때문이다. 이웃도 없는 독가촌에서 과수원을 하며 외로이 살기에 우리 가족은 서로가 서로의 소중함을 안다. 그러기에 가족은 작은 것도 나누고 배려하면서 끈끈한 정으로 엮어진 울타리라는 생각을 해 본다.

김치

    열무가 비가 오지 않아 뻣뻣하다. 비를 맞고 부드러워지면 김 칫거리를 솎으려고 미루다 보니 며칠 동안 김치 없이 밥을 먹었다. 일요일인 오늘은 김치를 담가야 하는데 어제부터 내려앉은 하늘은 비가 올 기미가 없다. 일기예보를 확인해도 비 소식은 없다. 더는 지체할 수가 없다.

    바구니를 들고 나서니 남편이 어디 가느냐고 묻는다. 김칫거리 솎으러 간다고 하니 앞장서 걷더니 거들어주었다. 김치를 담그는데 오며가며 보고는 맛있겠다며 입맛을 다신다. 대충 마무리 해놓고 남편을 부른다.

    반찬이래야 김치 한 가지가 전부인데 어느 잔칫상 부럽지 않다며 남편이 맛있게 밥을 먹는다. 그는 마실 나갔던 입맛이 돌아왔다고 한다. 둘이서 밥그릇을 싹싹 쓸어가며 게눈 감추듯 먹었다. 얼굴에 화색이 도는 남편은 더 이상 부러울 것이 없다는 표정이다. 특별한 양념이 들어간 것도 아닌 김치가 남편의 입맛을 당긴 것은 무엇 때문일까?

　요즈음 남편은 예전 같지가 않았다. 아침은 나와 둘이 먹으니 그나마 괜찮은데 혼자 먹는 점심과 저녁밥은 영 구미가 당기지 않는다고 한다. 인스턴트 식품은 쳐다 보지도 않는 그에게 김치마저 없었으니 밥을 먹어도 먹는 둥 마는 둥 시원찮았을 것이다. 김치 대신 나물이며 볶음 요리를 해 두었는데도 남편에게는 앙꼬 없는 찐빵이었나 보다. 하기야 한국인의 밥상에 김치가 없다는 것은 된장국을 된장 없이 끓인 것과 무엇이 다르겠는가. 그런데도 나는 비 오기만 기다리며 김치 담그는 것을 미루었으니 주부면허증이 있었다면 반납해야 할 처지가 아니던가. 미련한 주부가 헛 밥상만 차린 셈이다.

　설거지를 하는데 뭔가 아쉬운 생각이 들었다. '맛있게 먹었는데 왜 그러지?' 하는 순간, 김치 좀 더 달라고 하던 친구들 얼굴이 떠올랐다. 초등학교 동창회 날 반찬 가게를 하는 친구가 제피를 넣고 열무김치를 담가오면 맛있는 반찬 다 제쳐두고 친구들 손이 그 김치로 모여들었다. 볼이 미어지게 먹고 나서는 다들 잘 먹었다고, 오랜만에 밥 먹은 것 같다고 한마디씩 했다. 어떤 친구는 고향의 맛을 느낄 수 있는 이 김치를 먹으려고 동창회에 온다고도 했다. 친구들도 어렸을 때 여름이면 제피를 넣고 담근

김치를 먹었던 모양이다.

　음식문화는 지방에 따라 다르다. 내 고향 광양사람들은 여름이면 제피를 넣고 김치를 담가 먹는다. 야산이나 밭가에 자라는 제피는 냉장고가 없던 시절 며칠이라도 더 두고 먹으려는 수단으로 사용되었다. 광양사람들이 즐겨 먹는 이 제피를 타지 사람들은 싫어하기도 한다. 그런데 타지 사람이 이 김치에 길들여지면 광양 사람 못지않게 좋아하기도 한다.

　제피는 비릿한 맛을 제거하는 데도 사용된다. 민물고기 매운탕이나 추어탕, 장어탕 등에 넣어 먹으면 감칠맛이 한결 더해진다. 광양 사람들이 운영하는 식당에 가면 여름에 제피가루가 식탁 위에 비치되어 있는 것을 보아도 광양 사람들의 제피 사랑을 알 수 있다.

　의식주는 기본욕구다. 그게 충족되지 않으면 아무리 좋은 것이 있어도 상위욕구가 충족되지 않는다고 한다. 동창회를 앞두고 객지에 사는 친구들에게 무슨 음식으로 대접할까 의논할 때면, 제피 넣은 김치는 꼭 있어야 된다고 했던 것도 고향의 맛을 그리워했기 때문일 것이다.

　서두르다 보니 제피 넣는 것을 생각하지 못한 것이 아쉽다. 제피가 들어가지 않아도 김치를 맛있게 먹은 남편은 며칠 동안 무척 먹고 싶었던 모양이다. 제피가 들어갔더라면 더 감칠맛이 있어 남편의 식욕을 완전히 끌어올렸을 텐데 아쉽다. 더위가 물러나기 전에 다시 한번 남편과 김치 파티를 해야겠다. 그때는 얼큰한 국물도 준비하여 조촐한 밥상을 차려야지.

이삿짐을 꾸리며

 심란한 마음을 진정 시키기라도 하듯 벌써 두 잔째 커피를 마셨다. 객지로 떠나는 남편이 염려되어서이다. 잠시 마음을 정리하고 이삿짐을 꾸리기 시작했다. 되도록 간단하게 챙기라는 당부가 있었지만 불편을 겪지 않게 하려면 빠짐없이 챙겨야 될 것 같았다.
 눈에 익은 그릇들을 담았다. 그렇지 않아도 낯선 생활일 텐데 세간마저 새로우면 쉽사리 정을 붙이지 못할 것 같아 새로 장만하지 않았다. 밥그릇, 수저를 챙기고 접시는 하나씩 신문지로 쌌다. 커피잔은 손잡이가 다치지 않게 종이를 겹겹이 두른 다음 비닐봉지에 넣어 마무리를 지었다. 작은 도마와 부엌칼을 골라 두고 물컵을 고르던 손이 주춤했다. 언젠가 남편과 함께 그릇가게 앞을 지나다 산 컵이 눈길을 끌었다. 잠시 생각에 잠긴 나는 제 기능을 한 번도 해보지 못한 그 예쁜 컵을 두 개 꺼냈다. 감촉이 상큼한 컵을 종이로 싸고 또 쌌다.

인스턴트 식품을 싫어하는 남편을 위해 양념을 골고루 챙겼다. 손수 농사 지어 짠 참기름과 깨소금은 넉넉하게 유리병에 담고 설탕을 꺼내는데 꿀이 생각났다. 창고로 가서 꿀 한 병을 가져와 양념통에 넣고 나니 마음도 넉넉해졌다.

밑반찬을 다시 한번 점검했다. 부각 튀김이며 미역자반은 뚜껑이 잘 닫혔는지 확인하고, 보기만 해도 군침이 도는 더덕장아찌와 장어 조림은 깨소금을 더 뿌렸다. 장조림이 든 병은 비닐봉지를 여러 겹으로 두른 다음 상자에 차곡차곡 넣었다.

안방으로 자리를 옮겼다. 장롱문을 활짝 열고 이부자리를 꺼냈다. 정갈하게 손질된 이불의 사각거리는 촉감이 좋았다. 이불 속에 거울을 넣어 이불보에 싸서 현관으로 내놓았다. 이제야 이삿짐을 꾸리는 기분이 들고 실감도 났다.

옷은 남편의 부탁대로 간단하게 챙길 요량이었다. 양복 두 벌과 여벌 옷 몇 가지에 속옷과 양말이다. 실밥이 터진 곳이 없는지 확인하고 곱게 개어 가방에 담았다. 손수건과 타월을 챙기다 말고 다시 속옷을 살폈다 아무래도 속옷과 양말은 넉넉하게 챙기는 것이 좋을 것 같았다. 옷장 문에 걸린 넥타이가 나풀거린다. 양복 색깔에 맞추어 와이셔츠와 넥타이를 고르고 돌아서는데 코끝이 찡하게 아려온다. 혼자 옷을 차려 입다 거울 앞에 서서 초라한 모습에 자신감을 잃으면 어쩌나 하는 괜한 걱정 때문이다.

　주일이면 집에 오겠지만 그렇다고 빨랫감을 가져올 남편이 아니다. 빨래할 그릇과 고무장갑도 챙겨 주방용품이 담긴 상자에 밀어 넣고 다시 안방으로 와서 화장대 앞에 앉았다. 빗과 손톱깎이며 작은 손거울과 면도기를 손가방에 넣고 화장대 서랍에서 예쁘게 포장된 작은 상자를 꺼냈다. 지난 가을 남편의 얼굴이 까칠해 로션과 스킨을 샀는데 끈적거리는 것이 싫다며 개봉도 하지 않고 넣어 두었던 것이다. 그렇지만 이제는 싫어하더라도 쓰도록 권해야겠다. 무심코 벽에 걸린 시계를 보고 생각난 김에 시계도 하나 챙기고 달력은 둘둘 말아 이불보 귀퉁이에 끼어 넣었다.

　저녁으로 적적할 때면 친구 대신 만나라고 몇 권의 책과 내 작품이 실린 수필집을 메모지와 볼펜과 함께 상자에 담아 묶었다. 상비약을 꺼내 담고 남은 공간에 화장지도 한 통 넣었다. 라디오와 스탠드도 이삿짐에 합류하고 기온이 내려갈 때를 대비하여 전기히터를 보자기로 동여맸다. 작은 꾸러미가 하나씩 늘어날 때면 내 바람도 하나씩 늘어났다. 주방용품 상자에서는 건강함을, 옷 가방에서는 섬세함을, 책 상자에서는 지혜로운 사람이 되기를 주문했다.

　마음 한쪽이 비어 있다. 옷장 문을 열다 말고 거울에 비친 내

힘없는 얼굴을 바라본다. 표정이 어둡다. 무엇이 나를 이렇게 맥없이 할까? 남편의 발령은 순리인데 나는 왜 그것을 순순히 받아들이지 못할까. 통근을 해도 되는데 거리에서 보내는 시간을 오지의 학생들에게 쏟고 싶다는 남편이지 않던가. 스쳐 지나가는 교사가 아닌, 어린 동심의 가슴에 싹을 틔우는 교사가 되고 싶다는 남편에게 힘은 되지 못 할망정 의기소침해 있는 내가 야속하다.

6학년이 구구단을 외우지 못하고 우리 글도 읽을 줄 모르는 아이가 있다고 한다. 특권층의 아이들이나 만지는 줄 아는 컴퓨터도 방과 후에 마음껏 접하게 해주고 싶다는 남편의 큰 마음이 조금은 헤아려진다. 전교생이래야 48명. 퇴근 시간이 지나면 사람의 그림자도 얼씬거리지 않는 외로운 학교에 사랑의 불씨를 지피려는 남편의 속내를 나는 안다. 어쩌면 아이들이 나보다 먼저 그것을 알았는지도 모른다. 퇴근시간이 지나 잡무를 처리하는 남편 곁으로 모여드는 학생들에게 컴퓨터를 켜 주면, 호기심 어린 눈에서 샛별 같은 꿈이 반짝거린단다. 그 꿈을 키우는 데 조금이라도 도움이 되고자 이사를 가는 거란다.

현관에 쌓인 이삿짐 꾸러미를 다시 한 번 점검한다. 빠진 물건이 없는지 또 확인한다. 주방용품이 어쩐지 허술하다. 찬찬히 살피니 냄비가 보이지 않는다. 깨끗이 씻어 선반 위에 올려둔 것을 깜박 잊은 것이다.

그러고 보니 타지로 가야 하는 남편에게 제일 중요한 것을 잊을 뻔했다. 아이들과 내 마음을 합해 이삿짐에 보태어 넣었다. 건강하고 사랑이 넘치는 사람으로 거듭나기를 당부하는 우리 가족 모두의 사랑 덩어리가 들어가니 이제야 이삿짐이 온전하게 꾸려진 것 같다.

죄가 없는 거짓말

낮게 내려앉은 하늘만큼이나 내 마음이 무겁다. 이렇게 천근만근의 무게를 느끼는 날이면 가고 싶은 곳이 있다. 그곳은 지친 심신에 새로운 기운을 넣을 수 있기 때문이다. 그런데도 집안 사정으로 갈 수가 없어 마음만 떠나기로 작정했다.

벌써 40여 년이 지난 이야기이다. 가족 나들이를 갔었다. 오랜만의 외출이라 그런지 콩나물시루 같은 버스에서 땀을 뻘뻘 흘리면서도 더운 줄을 몰랐다.

목적지에 도착하여 짐을 푸는데 평소 친분이 두터운 최선생 부부가 말을 걸었다. 그들은 합석을 제의했다. 일찍 도착하여 더위를 식힌 그들은 땀으로 얼룩진 아이를 텐트 안으로 데리고 가면서 우리 부부를 인파 속으로 밀어 넣었다.

남편과 나는 손을 잡고 걸었다. 사각거리는 모래의 감촉이 내가 즐겨 입는 삼베 적삼의 까칠거림과 같아서였을까. 객지에 왔는데도 전혀 낯설지 않았다. 저만치에서는 어른 아이 할 것 없이 물장난이 한창이었다. 남편은 사람들이 한산한 곳으로 나를 데리고 가면서 수영을 가르쳐 주겠다고 했다. 어릴 적 동네 앞 도랑에서 덤벙거리던 것이 수영의 전부인 나는 남편의 수영 실력이 상당하다는 것을 알고 있었기에 그가 이끄는 대로 따라갔다.

남편은 기본 동작 몇 가지를 말해 주면서 본인이 시범을 보였다. 그의 말에 따라 부지런히 손과 발의 동작을 익혔다. 얼마나 그렇게 했을까. 남편이 다시 내 손을 잡더니 물살을 가르며 걸었다. 물이 가슴에 닿는 곳에서 걸음을 멈추고 익힌 대로 해 보라는 것이었다. 겁이 덜컥 났다. 이렇게 깊은 곳에서 초보자가 어떻게 수영을 하느냐고 했더니 악조건에서 배워야 빨리 익힐 수 있다며 남편은 내 등을 떠밀었다. 순식간에 물속에 잠겨버린 나는 몹시 당황했다. 그러면서도 남편이 쉽사리 구출해 주지 않을 것이란 예감이 들었다. 그렇게도 많던 사람들이 주위에는 아무도 없었다. 어떻게든 내 힘으로 극복해야 할 상황임이 분명했다. 있는 힘을 다해 버둥거렸지만 물만 들이켰다.

손과 발만 열심히 움직이면 물 위로 뜬다는 남편의 말이 스쳤다. 그러나 버둥댈수록 물속 깊이 빠져들었다. 물살에 밀려 중심을 잡지 못해 가까스로 물위로 떠올랐다가도 이내 물속으로 빨려 들어가기를 반복했다. 그런 와중에도 물이 가슴에 닿았으니 서면 될 것 같은 생각에 다리를 길게 뻗었더니 물이 머리 위에서 출렁거렸다. 어떻게든 물 밖으로 빠져나가야 된다는 생각뿐인데도 행동은 그에 미치지를 못했다. 여기서 나가지 못하면 죽을 것 같았다. 얼마나 허우적거렸을까. 누군가가 내 허리를 껴안았다. 그러나 그 사람이 누구라 해도 나만 물 밖으로 데려다 준다면 상관할 바가 아니었다.

 생전 처음 보는 청년이었다. 그가 나를 세운 곳은 처음 남편이 수영을 가르쳐 주던 곳이었다. 얼떨결에 엉거주춤 서 있는데 저만치에서 남편이 왕방울 눈으로 바라보고 있다. 청년은 남편에게 짐짓 화를 내며 사람이 빠져 죽게 되었는데 어떻게 보고만 있느냐고 다그쳤다. 잠시 침묵이 파도를 따라 일렁였다. 남편은 신분을 밝히고는 수영을 가르치는 중이라고 했다. 청년은 무안한 눈빛으로 "그럼 제가 훼방꾼이었군요." 하며 너털웃음을 지으며 물 속으로 몸을 던졌다.

 남편이 무서웠다. 하지만 내색할 수가 없었다. 또 물 속으로 데리고 갈 것 같은 불안함 때문이었다. 얼른 물 밖으로 나오고 싶었다. 마음이 조급하다 보니 열심히 걷는데도 그 자리만 맴돌았다. 앞서가는 내 등 뒤에서 남편이 비아냥거렸다. 그렇게 하지 않으면 어느 세월에 수영을 배우겠느냐는 것이었다. 그래도 순 엉터리가 아니라서 조금만 더 연습하면 물에 떠내려가지는 않겠다며 놀려댄다.

　시큰둥한 표정으로 남편을 쏘아보는 눈빛을 의식했는지 최선생 부인이 무슨 일이 있었느냐고 물었다. 침묵으로 일관하는 내 눈에 화가 잔뜩 머물러 있다고 했다. 오늘만은 과수원 일에서 벗어나 둘만의 시간을 즐기라고 아기까지 보아 주었는데 이게 무슨 일이냐며 화살을 남편에게로 옮겼다. 최선생 부인은 오늘 같은 날 우리가 남편한테 호강을 받지 않으면 언제 받겠느냐며 두 남자를 향해 눈을 흘겨댔다. 영문도 모르는 최선생은 자네 때문에 나까지도 푸대접을 받는다며 남편에게 밥이나 맛있게 지어 여자들 마음을 풀어보자고 했다. 마누라 비위도 맞출 줄 모르는 사람이 밥인들 맛있게 짓겠느냐는 선배 부인의 면박에 남편은 수업료 받지 않고 수영을 가르쳐 주었는데 되레 화만 낸다고 응수했다.

　편한 점심을 먹고 바닷바람으로 기분까지 전환하고 나니 생각이 달라졌다. 남편의 계획적인 작전에 혼이 나긴 했지만 이번 기회에 수영을 배우지 않으면 수영과는 거리가 영 멀어질 것 같았다. 각오를 단단히 했다. 다시는 물 속에 밀어넣지 않겠다는 다짐을 한 후 남편은 또다시 수영 코치가 되었다. 남편의 지시에 따라 수영을 하기 위해 태어난 사람처럼 연습했다. 서툴기는 했지만 수영에 자신감이 생길 즈음 남편은 나를 또 물 속으로 밀어 넣었다. 그때는 긴장은 되었지만 주위를 두리번거리지 않고 물살을 가르며 당당하게 헤엄쳐 나왔다. 멀리서 나를 지켜보는 남편의 눈빛은 석양의 노을처럼 빛이 났다. 돌아오는 길에 그이는 선의의 거짓말은 죄도 안 된다며 웃었다. 그런데도 남편이 밉지만은 않았다.

그날 나는 수영과 함께 의지를 배웠고, 그 어떤 경우도 절망은 없다는 것도 터득했다. 강한 정신력 또한 수영으로 인해 내가 덤으로 얻은 소득이다. 이 소득이 어려운 일이 있을 때마다 나를 지켜주는 버팀목이 되곤 한다.

실타래가 엉키듯 일이 풀리지 않을 때면 난 수영을 배웠던 그곳에 가서 지혜를 모은다. 푸른 물줄기는 언제 가도 나에게 참고 견디는 인내를 일러 주었다.

남해안의 청정해역인 섬진강은 이렇듯 쓰러지려는 나를 붙들어 세워준 의지처이다.

길들이기

　운전면허증을 딴 건 33년 전이다. 그때는 오전에 이론 강의를 듣고 오후에는 코스 연습을 하는 것이 전부였다. 그렇게 2주 남짓 학원을 다니고 시험에 응시했다.
　시험 당일 먼저 학원 부속 건물에서 신체검사를 한 후 이론 시험을 보았다. 합격점을 받은 나는 응시표에 수입인지를 첨부하고 코스 시험에도 응했다. 그리고 안전교육까지 일사천리로 하루에 다 마쳤다. 도로 연수가 없었던 때라 운전면허증을 취득하면 바로 운전을 할 수 있는 시절이었다.
　그로부터 2주일이 지난 후에 운전면허증을 소지하게 되었고, 기다리고 있기나 한 듯 곧바로 차를 구입했다. 남편은 운전면허증만 취득하면 거침없이 운전을 할 줄 안 모양이었다. 그러나 나는 엄두를 내지 못해 하루 종일 차를 마당가에 세워두었다가 남편이 퇴근해 오면 연습했다.

　장소는 우리 집 과수원길이었다. 서툰 데다 나무들이 사방인 데서 운전을 하니 이리저리 뻗은 나뭇가지가 자동차에 걸리기 일쑤였다. 그럴 때면 남편은 목청이 커졌다. 연수래야 그이의 손짓에 따라 핸들을 좌우로 꺾으며 방향 감각을 익히는 것이 고작이었다. 운전면허증도 없는 남편은 연수 강사라도 되는 양 고함을 지르고 눈을 부라리며 그것도 못 하느냐는 표정을 짓곤 했다.

　드디어 거리로 장소를 옮겨 그야말로 거북이 운전을 했다. 차츰 자신감이 생기면서 대범해지기 시작했다. 1980년대 후반, 여성 운전자가 드문 시절이라 4륜 구동 화물차를 운전하고 다닌 나는 별난 여자 취급을 받았다. 가냘픈 몸매에 화물 자동차가 어울리지 않는다는 것이었다.

　어느덧 운전 경력 33년이다. 시대 따라 세상도 변한다더니 1종과 2종으로 구분했던 운전면허였다. 요즈음은 도로연수가 있는가 하면 자동과 수동으로까지 분류한다. 수년간 우리 가족의 다리 노릇을 해 온 자동차를 잦은 고장 때문에 폐차시키고 새 자동차를 구입했다. 자동차를 사기 전 주변 사람들의 이야기를 많이 들어 보았다. 대부분의 사람들이 일일이 손으로 조작해야 하는 수동보다 자동이 수월하다며 자동을 권했다. 망설이는 나에게 아들 녀석은 금방 익숙해질 것이라고 했다.

새 자동차에 처음으로 앉는 순간 불안하기 짝이 없었다. 동작 하나하나가 조심스러워 안절부절못했다. 자칫 실수라도 있으면 사고로 이어지기 때문에 더욱 긴장이 되었다.

아들이 조수석에 앉아 코치를 했다. 소리만 지르던 남편에 비해 녀석은 제법 자상하게 일러주었다. 침착하게 서서히 브레이크에서 발을 떼어 액셀러레이터를 밟으라고 했다. 그런데도 불안한 마음을 떨칠 수가 없었다. 빨간 신호등이 켜졌다. 가슴이 콩닥콩닥 뛰었다. 신호등을 세 번 지나고 나니 뻣뻣하게 굳어 있던 왼쪽 발이 조금 편안해졌다. 평정을 찾으니 운전 감각이 되살아났다. 두근거리던 가슴도 가라앉았다. 그래도 긴장을 늦추지 않고 감각을 익혀갔다

친정어머니는 새 물건 하나만 사도 전화로 사용법을 묻고 또 물었다. 내가 자상하게 설명을 해 드려도 투박한 말씨 때문에 홍감스럽게 들리지 않았을 텐데 퉁명스럽게 말했다. 어머니 역시 새로운 것에 대한 두려움을 없애려고 아는 것도 묻고 또 물었을 것이다. 지혜 있는 딸이었다면 그 심중을 헤아렸으련만. 아직은 젊은 나도 새로운 것에 길들이기가 이렇게 조심스럽고 어려운데 팔순이 가까운 어머니는 얼마나 어려웠을까.

뒷짐 지고 서서 고함지르고 눈을 부라리던 남편이나 퉁명스럽게 쏘아 대던 나나 다를 것이 뭐 있는가. '세 살 버릇 여든까지 간다'는데 오랫동안 길들여진 습관을 다른 방법으로 길들이

자니 당황할 수밖에 없었다. 이제 자신 있게 핸들을 잡을 수 있지만 늘 소중한 생명을 담보로 하기 때문에 초심자의 마음으로 할 것이다.

 운전은 나만 잘한다고 안전한 것이 아니다. 상대방에게 양보도 하고 때로는 내가 대처도 해야 한다. 방심은 금물이고 양보는 생활화가 되어야 한다. 법규대로 하는 것이 능사가 아니다. 모두의 안전을 위해 틀에서 벗어날 때도 있다.

 아무리 급한 일이 있어도 〈초보 운전자〉란 글귀를 붙인 자동차에 양보하는 것도 잊지 않을 것이다.

3부
세월과 함께

지는 꽃은 무엇이며 강물의 종착지는 어디일까?
해마다 봄이 오면 우리 집은 이렇게 화사한 꽃 속에 묻히는데
내 노년은 어떤 색깔일까?

두릅

 편치 않은 마음으로 며칠을 지내다 작정하고 집을 나섰다. 마음에 빚을 진 얼굴들이 번갈아 어른거려 더 이상 가만히 있을 수가 없었기 때문이다.
 무섬증이 많아 평소에는 집 근처의 야산조차 혼자 갈 엄두가 나지 않는다. 그런 내가 오늘은 용기를 냈다. 산을 오르는데 마음이 차분히 가라앉았다. 나무 사이를 헤치고 한참을 오르니 두릅나무가 한두 그루씩 눈에 들어왔지만 빈 나무뿐이었다. 두 갈래 길에서 어느 길로 갈까 잠시 망설이다 산세가 완만한 길로 접어들었다. 남편과 함께라면 문제 될 것이 없지만 혼자라는 것을 염두에 둔 것이다. 가끔씩 내가 서 있는 곳의 위치를 확인해 가면서 두릅나무를 향해 오르고 내리기를 반복해도 두릅순은 없었다. 또 두 갈래 길에서 사람들의 발길이 뜸한 산세가 험

한 길로 들어서고야 두릅순이 보였다. 그런데 너무 어린순들이 대부분이었다. 삼사 일만 지나면 먹음직스러울 것들이라 눈요기만 하고 걸음을 옮기기를 한참 만에 드디어 눈이 번쩍 뜨였다. 순 하나를 따고 또 얼마나 걸음품 팔기를 거듭하는 사이 비닐 가방은 서서히 배가 불어났다. 그럴수록 손가락이 가시에 찔리는 횟수도 늘어났다. 아무리 조심해도 두릅나무 자체에 가시가 있으니 손가락이 수난을 겪을 수밖에 없었다. 대부분의 두릅은 내 키를 훌쩍 넘은 나무 끝에 돋아 있어 두릅나무를 휘어잡아야 순을 딸 수 있다. 두릅을 손에 넣으려는 욕심에 가시가 손가락을 마구 찔러댄다. 너무 자라 세어진 순은 눈에 뜨이는 대로 땄다. 그렇지 않으면 하늘 높은 줄 모르고 키만 크니 다음을 기약할 수 없기 때문이다.

 눈앞에서 뭔가 알 수 없는 것이 어른거려 제자리에 주저앉아 꼼짝도 못 하고 있는데, 이번에는 데굴데굴 구르는 돌소리에 간이 콩알만 해졌다. 누군가가 가까이 다가오는 것 같아 귀를 곧추세우고 공포에 떨고 있는데 다람쥐가 조롱하듯 나무를 건너뛰었다. 놀란 가슴을 다독거리며 조심스레 나무를 살피는데 눈이 번쩍 뜨였다. 먹음직스런 두릅 순을 발견한 것이다. 깜짝놀란 후 이런 기분은 온전히 글로는 표현할 수 없음이 안타까울 뿐이다.

 나무 사이를 비집고 다니다 미끄러져 엉덩방아를 거듭 찧었다. 그럴 때마다 스치는 얼굴들이 있었다. 내 마음이 오달지게 달아오른 것도 올해 106세인 시어머니와 날이 갈수록 건강이 악화되는 여든일곱의 친정어머니 때문이었다. 시어머니가 시설에 계시기에 내 마음대로 잡수시게 할 수는 없지만 그래도 두릅을 갖다드리고 싶다. 다른 음식은 다음에 잡수시겠다고 아껴두는데 두릅만큼은 초장에 찍어 그 자리에서 잡수시곤 했다. 친정어머니 역시 "맛있다. 참 맛있다." 하시면서 잘 잡수셨다.

며칠 전 남편이 따다 준 두릅이 한 움큼밖에 안 되어서 딸과 함께 먹었다. 먹을 때는 몰랐는데 시간이 지날수록 마음에 가시가 돋는 것 같았다. 아직 봄이 무르익지 않아 기회는 얼마든지 있지만 내가 먼저 먹었다는 죄책감은 지울 수가 없어 용기를 내었다. 발 수술을 한 뒤로 완치가 되지 않아 아직 걷기가 불편하다. 내 마음대로 가고 싶은 곳은 물론 운전을 못하니 연세 드신 어머니들의 심정이 헤아려진다. 두릅 한 끼 드신다고 건강에 얼마나 도움이 될까마는 가뜩이나 거칠어진 피부며 건강 회복에 조금이나마 보탬을 드리고 싶었다.

두릅은 풍부한 단백질과 지방을 비롯해 당질, 철분, 인, 비타민(A와 B1 B2 C) 그리고 칼슘, 섬유질 등이 높은 함량을 지니고 있다. 두릅순에 쓴맛을 내게 하는 사포닌 성분은 몸의 혈액순환을 원활하게 하여 피로 회복에 효과가 좋다고 한다. 두릅에서 내뿜는 정유 성분이라는 특유의 그 향은 마음을 편안하게 해

주고 활력이 넘쳐나게 해 주는 작용이 있다. 신경을 안정시키는 칼슘이 풍부하게 들어 있어 신경을 편하게 해 주고 불안감이나 초조함을 제거하는데 도움을 준다. 봄철의 두릅은 '금'이라 하고 가을철의 두릅은 '은'이라고 부를 만큼 봄의 두릅은 그 성분과 효능이 뛰어나다.

다른 음식은 식탐이 없는데 유독 두릅만큼은 좋아하시는 두 분 어머니. 자식 귀한 줄은 알면서 부모님 귀한 것은 왜 잊으며 살아갈까. 딸이 임신하여 귀한 몸이면, 부모님은 더 귀한 분이 아니던가. 어쩌면 내 마음 편하자고 오늘 두릅을 따러 갔는지도 모른다.

두둑한 비닐가방을 들고 오는 발걸음이 기다리던 여행을 가는 기분이다. 미안한 마음을 줄일 수 있다는 생각에 불편한 발걸음이 더 가뿐한지도 모른다. 도로변에 활짝 핀 철쭉을 감상하는 덤까지 생겼다. 흔하게 볼 수 있는 철쭉이 이렇게 화려하게 느껴지는 것은 포만감 때문이 아닌가 싶다.

세뱃돈

내 주머니에는 늘 지폐 한 장이 든 작은 지갑이 있다. 다름 아닌 친정어머니가 십수 년 전에 주신 세뱃돈이다. 옷을 바꿔 입을 때마다 나는 이 돈을 언제나 몸에 지닌다. 어머니의 보살핌이 함께할 것이라는 믿음과 함께.

정월 초하룻날, 여느 해와 같이 친정어머니께 세배를 드렸다. 어머니는 덕담과 함께 아이들과 우리 부부에게도 세뱃돈을 주셨다. 웃고만 있는 나에게 고개를 끄덕이며 받으라고 하셨다. 여느 세뱃돈과 달리 어머니가 주신 세뱃돈을 받아 든 순간 기분이 차분히 가라앉았다. 시간이 갈수록 생각을 가다듬게도 했다. 나이가 들면 욕심이 생긴다는데 여든이 넘은 어머니라고 왜 욕심이 없었을까마는 베푸는 지혜를 행하신 어머니. 어머니 이마의 깊은 주름살에 담긴 사랑이 모두를 향해 흘러내린 것 같았다.

어릴 적 세뱃돈으로 받은 동전을 주머니에서 꺼내 펼쳐놓고 헤아리면 할아버지께서 건너다보시고 "복 많이 탔구나" 하셨다. 형님 집에 조카들이 아이들을 데리고 세배를 왔었다. 아이들에게 세뱃돈을 주었더니 제 어미 치마 속으로 기어드는 모습에 내 유년의 모습도 있었다. 구정이 가까워지면 친정어머니가 동전 꾸러미를 할아버지께 드리면 말없이 빙그레 웃으셨다. 세뱃돈을 받아든 조카들의 모습 위로 할아버지의 미소가 스며든다.

세뱃돈, 어렸을 적에는 받는 즐거움이 있었고, 중년에는 마련하는 즐거움이 있더니 나이 들어서는 주는 즐거움도 있다. 내년부터는 우리 집에 세배를 오는 모든 사람들에게 세뱃돈을 주려고 한다. 희망이라는 정을 듬뿍 담아 그들이 늘 포부를 가지고 내일을 향할 수 있도록 해 주고 싶은 것이다. 작은 애정이 희망의 싹으로 돋는다면 더할 나위 없이 좋으련만. 나의 바람을 글귀로 적어 세뱃돈과 함께 줄 요량이다.

세뱃돈을 주는 풍속은 중국에서 유래되었다. 전통적으로 중국에서는 부모가 결혼하지 않은 자식들에게 약간의 돈을 붉은 봉투에 넣어서 주었다. 붉은색은 중국인들에게 행운을 가져다주는 색으로, 어서 커서 돈을 많이 벌라는 뜻에서 시작되었다. 일본인은 그 풍속을 그대로 받아들였고, 자기 나라의 전통문양이나 인기 있는 만화 주인공이 그려진 봉투에 넣어서 주었다.

우리나라에서는 과일이나 떡을 싸 주었을지언정 근대까지도 돈을 주는 풍속은 없었다고 전해진다. 그런데 20세기 이후 일본인들이 우리나라에 들어오면서 돈으로 성의를 표시하는 풍속이 퍼지게 되었고, 세배의 대가로 세뱃돈을 주었다고 알려져 있다.

작은 지갑에 든 어머니가 주셨던 세뱃돈은 이제 세뱃돈만의 의미가 아니다. 어머니가 보고 싶을 때는 지갑에 든 돈을 펼쳐 보면서 마음을 다잡는다. 어머니가 자랑스러워하는 딸이 되어야 한다고. 늦은 나이에 다시 공부를 시작한 나에게 어머니는 나이 많다고 주눅 들지 말고 늘 당당하라고 하셨다. 문학에 반해 전국을 다니며 꿈을 펼칠 때에도 여자라고 포기하지 말고 하고 싶은 일을 하라고 격려해 주셨다. 내 두 번째 수필집 『붉은 장미울타리』를 안겨 드렸을 적에는 "우리 딸 장하다."하시며 한동안 수필집을 안고 계셨다.

이제는 든든한 후원자였던 어머니가 안 계신다. 힘든 일이 있어도 기쁜 일이 있어도 지갑 속에 든 지폐 한 장을 펼쳐놓고 어머니한데 하듯 말을 한다. 그러면 지폐도 어머니가 그랬던 것처럼 고개를 끄덕이는 것 같다. "그래, 우리 딸! 늘 자신감을 가지거라." 움츠러들었던 자신감에 용기를 불어넣었다. 그리고 어머니의 말씀처럼 무슨 일이든 당당하게 하려고 애쓰며 살아간다.

어머니의 푸근한 사랑이 내 안에 있는 한 내 마음은 봄 햇살처럼 포근할 것이다. 이 포근함을 내 손길이 필요한 분들과 함께 나누어 가지면 어머니의 사랑이 더 진해지지 않을까 싶다. 하루에도 몇 번씩 작업복과 외출복을 갈아입으면서도 언제나 몸에 지니는 작은 지갑이 나눔은 실천이라고 일러주는 것 같다.

정월 초하루를 시작으로 하는 세배를 '세세배'라 한다. 세세배는 '세배는 미나리 꽃이 필 때까지'라는 말이다. 이는 연초에 바빠서 어른을 찾아뵙지 못했을 때는 시기가 늦어지더라도 꼭 챙겨서 하는 것이 예의라고 한다. 행여 아직도 내 일상에 묻혀 생각하지 못한 이웃과 어른은 없는지, 희망이라는 끄나풀을 가지고 갈 곳을 헤아리면서 일 년을 자신 있게 시작한다.

마음 가다듬는 날

어머니의 86회 생신날이다. 이렇게 좋은 날 코끝이 아리고 시야가 흐려진다. 누군가의 도움 없이는 기본적인 문제도 해결할 수 없는 어머니의 모습이 내 감정을 사정없이 흔들어댄다. 바쁘다는 핑계로 어머니 뵈러 가는 것을 게을리 한 죄값이다. 죄송한 마음에 잡수실 것들을 이것저것 권해 보지만 많이 먹었다며 손사레를 치신다. 뜨거운 눈물이 왈칵 쏟아진다. 자식들 먹는 모습을 보며 당신도 얼마나 먹고 싶을까마는 수발해 드리는 며느리가 미안해 참으실 것이다. 올케언니가 옆에서 권해도 많이 잡수셨다고만 하신다. 오늘은 곁에 자식들이 많이 있으니 안심하고 드시라고 해도 한사코 먹는 것을 아끼신다.

불과 몇 년 사이에 악화된 어머니의 건강이 회복될 기미가 없다. 뇌경색으로 쓰러지기 전까지만 해도 자식들 일이라면 먼 길마다하지 않고 달려가던 어머니셨다. 그런 어머니가 이제는 당신의 욕구조차도 자식들에게 의지하며 지내신다. 이런 당신 모습이 후회스러워 그러셨을까?

"일 어지간히 해라. 청춘도 한때더라."하며 내 손을 어루만지셨다. 시도때도 없이 일에 묻혀 사는 내가 안쓰러워 어머니는 늘 건강을 당부하시곤 했다. 그때도 난 어머니의 마음을 헤아리지 못했다. 이렇게 미련한 내가 오늘에야 비로소 어머니의 마음을 읽었다.

손아래 동생이 외국으로 보금자리를 옮길 때 어머니는 "제 나라에서도 못 사는 사람이 외국에 가서는 잘 산다더냐. 지금처럼 살면 되지 얼마나 잘 살려고 가냐. 여기서 함께 살자."하며 만류하셨다. 그러다 끝내 동생의 마음이 굳어지자 "살아보고 아니다 싶으면 언제든지 다시 와라."하며 못내 서운해 하셨다.

그런 허전한 마음을 채 추스르기도 전에 어머니께 날아든 둘째오빠의 비보는 살을 깎는 아픔이었으리라. 자식을 가슴에 묻는다는 것. 어쩌면 어머니는 그때부터 서서히 녹아내렸을 것이다. 자식을 교통사고로 보낸 후유증을 떨치지 못하셨다. 그 뒤로 우리들이 다녀가고 난 다음에는 무사히 도착했는지 꼭 확인을 하고서야 안심이 되었다고 하셨다.

7남매가 모여 살 때는 집안에 행사가 있으면 밤새도록 이야기 꽃을 피우고 했는데 이제는 이렇게 특별한 날에도 형제들이 한

자리에 모이기가 참 어렵다. 오늘은 큰오빠마저 병석 중이라 함께하지 못했다. 집안에 행사만 있으면 형제들이 모여 밤새도록 떠들썩하게 노니 이웃에 미안하다고 하신 것이 이제는 옛일이 되었다.

어머니 앞에서 눈물을 훔칠 수 없어 화장실 가는 척하며 밖으로 나왔다. 마음을 가라앉히지 못해 혼자 울먹이고 있는데 언니도 나온다. 내 어깨를 어루만지는 언니는 벌써 눈치를 챈 모양이다. 자주 어머니를 찾아보자며 언니도 눈시울을 붉힌다. 방안에서 도란도란 나누는 이야기 소리가 들린다. 나는 까맣게 잊어버린 옛일을 어머니는 아들들과 이야기 나누신다. 천만다행이라는 생각이 든다. 당신 혼자 보행은 힘들지만 정신은 온전하니 그나마 다행이다. 이제 남은 것은 우리 자식들 몫인 것 같다. 어머니 마음 편하게 모시는 것이 최선이 아닐까 싶다. 시간 날 때마다 자주 찾아뵙고 함께 시간을 보내는 것이다. 선배가 한 말이 생각난다. "어머니가 계시는 것 그 자체가 행복한 일이지."

이제부터라도 후회거리는 만들지 말아야지 다짐을 하는데 전화가 울린다. 외국에서 사는 손아래 동생이다. 어머니 안부를 묻고 형제들이 다 모였느냐고 한다. 내년에는 어머니 생신을 꼭 함께 하겠다며 생신 축하 노래를 부른다. 어머니 눈가가 촉촉이 적셔진다. 언니도 나도 동생들도 얼싸안고 소리 없이 운다. 침묵으로 우리 형제들이 다짐한다. 물렁이는 어머니의 다리가 탱탱

해질 수 있도록, 냉냉해진 어머니의 가슴이 훈훈해질 수 있도록, 허물어 내린 어머니의 의지가 굳어질 수 있도록 우리 형제들이 어머니의 버팀목이 되어 드리자고.

내년 어머니의 87회 생신날은 친정집에서 모두 모여 왁자지껄하게 보냈으면 하는 바람이다. 동네 사람들이 흉본다고 조용조용히 놀라고 당부하시던 아버지의 말씀이 오늘따라 너무 생경스럽다. 어머니 부디 건강하소서.

다가가기

    시어머니가 우리 집으로 거처를 옮긴 지 한 달이 다 되어간다. 그런데도 아직 온전한 한 가족이 되지 못한 모양이다. 나름대로 그분 사고에 맞추려 애는 쓰는데 합일점을 찾기가 쉽지 않다.

    주말이다. 오늘도 시어머니와 오전 내내 실랑이를 했다. 목욕을 하자고 하니 싫다고 하셨다. 말씀인즉 "방안에 가만히 있는데 무슨 때가 있어 살거리* 씻느냐"는 것이다. 보름 전에 한 목욕을 두고 '살거리'라 하시며 오히려 역정을 내셨다. 누구의 주장에 딱히 정답이 있는 것은 아니지만 그렇다고 시어머니의 말씀에 순종을 할 순 없다

---

* 전라남도 지방에서 쓰는 사투리로 3일이라는 뜻

올해 연세가 아흔 다섯인 시어머니는 여태까지 혼자 사셨다. 당신 방식대로 살아오신 분이라 자식들에게 의지하는 것을 몹시 싫어하신다. 그런데 시어머니 집에 화재가 났다. 그래서 3남 2녀의 자식 중에 우리 집을 당신이 선택하신 것이다.

요즈음 시어머니는 아기가 되었다. 평소에도 고집을 부리면 속수무책이었다. 예견하고 미리 대책을 세워도 당신께는 '오리발'이라는 대단한 무기가 있어 소용이 없었다. 마음이 내키지 않으면 싫다고 하면 만사가 그만이었다. 당신 혼자 살 때는 어쩔 수 없이 시어머니의 의견에 따를 수밖에 없었다. 그러나 이제는 상황이 달라졌다. 그런데도 예전의 고집이 여전하시다. 어쩌다 집에 손님이라도 오는 날에는 민망하기 짝이 없다. 우리 가족이야 참으면 되지만 역겨운 냄새 세례를 받아야 하는 손님은 고통스러울 것이다.

남편과 아들 녀석도 나와 합세했다. 세 사람이 둘러앉아 시어머니를 설득해도 고집을 꺾지 않았다. 심통을 부리는 아이 같아 밉다가도 당신의 치부를 며느리인 나에게 보여주기 싫은 모양이라고 생각하니 애잔한 정이 갔다.

어떻게 하면 시어머니께 더 가까이 다가갈 수 있을까? 언제쯤 당신이 먼저 목욕 가자고 나를 조르실까? 평생을 근검, 절약으로 살아오신 분이라 목욕탕 가는 것을 사치스럽다 여길지도 모른다. 그래서 처음에는 집에서 목욕을 시켜드렸다. 그런데 아무리 온도를 높이고 법석을 떨어도 목욕탕에 가는 것이 당신께 더 좋을 것 같았다. 게다가 당신이 살던 동네 사람 만나 이웃의 소식도 듣고 좋아하겠다 싶어 목욕탕으로 가자고 했는데 노발대발이시다. 시어머니 고집에 밀려 집에서 하자고 하면 행여 마음이 동하려나 싶었는데 그마저도 무조건 싫다고 하셨다.

당신 말씀대로 "농사일 한 것도 없고 먼지 쓰는 일도 안 했는데 무답시(괜히) 목욕을 할 것이냐"고 하시면 할 말이 없다. 시어머니의 고집이 다른 걱정을 불러들였다. 사방을 다니며 농사도 짓고 주변 일에 참견도 하였는데 방안에만 계시니 우울증이라도 오면 어쩌나 싶었다.

기본요금 나오는 전기세도 절전을 하신 분이다. 연세가 많을수록 혈액순환이 잘 되어야 하는데 당신은 '나이 든 사람은 자주 씻는 것이 안 좋다'고 하시며 목욕의 부당성을 말씀하셨다. 며칠 전에는 옷을 갈아입히면서 애를 먹었다. 발가락이 나온 버선을 갈아 신으라고 하니 화를 내셨다. 오랜 습관을 어찌 하루 이틀에 고칠 수 있을까마는 그래도 옷 갈아입고 목욕만은 자주 하셨으면 좋겠는데 묘책이 없을까?

내가 먼저 시어머니께 가까이 다가가야겠다. 때로는 어리광도 부리고 고부간이기 이전에 같은 여자로서 당신의 아픔을 보듬어 안아야겠다. 그분의 연세가 기다리고만 있기에는 너무 많다. 나이 들면 아기가 된다는데 그분께 무엇을 바란다는 것은 욕심이 아닐까 싶다. 시어머니의 입장에서 먼저 생각하는 습관을 길러내어야 할 것 같다.

그리고 욕심을 버리고, 무조건 주는 것으로 만족하자. 당신도 나름대로 집안 분위기에 맞추려 애쓸 것인데 냄새 좀 난다고 무슨 대수랴. 작은 몸짓으로 시어머니가 다가오는 것을 놓치지는 않았을까? 그래서 더욱 고집을 부리는 것이 아닐까. 행여 손님이 오면 내가 바빠서 목욕을 못 시켜드렸다고 먼저 양해를 구해보는 것도 시어머니 마음을 편하게 해드릴 수 있는 묘책이 아닐까.

서산으로 지는 해가 지긋이 시어머니를 바라본다.

사랑 쌓기

순이가 벽에 기대앉아 졸고 있다. 초저녁에 무슨 잠이냐고 하니 오전 내내 부각을 부쳤더니 피곤하단다. 동창 모임에 참석하려고 서두른 것이 과로를 한 것 같다. 친구들이 이구동성으로 잠깐이라도 눈을 붙이라고 한다. 자동차를 운전하고 가야 하는 순이가 모두들 걱정이 된 모양이다.

순이는 설맞이 준비를 했나 보다. 명절이면 객지에 사는 형제들이 그녀 집으로 모여들기 때문일 것이다. 맏며느리도 아닌 그녀이지만 집안의 대소사를 빠짐없이 챙기는 마음 씀씀이가 넉넉한 친구에게 설은 나눔의 명절인지도 모른다.

문득 벽에 걸린 달력에 눈이 간다. 설이 일주일 후로 성큼 다가왔다. 내 어릴 적 이맘때쯤이면 무척이나 신이 나고 즐거웠다. 선반 위에 있는 설빔을 하루에도 몇 번씩 꺼내 입어보며 미리 설

날 기분을 냈다. 방안에서만 살짝 신어보고 다시 가지런히 올려놓는 운동화는 기분까지 들뜨게 했다.

그 시절, 어머니 손은 요술 손이었다. 날마다 맛있는 과자며 음식들이 만들어지고 집안에서는 일찌감치 명절 기분이 났다. 어머니가 약과를 만드는 날이면 오빠 연이 다른 연보다 높이 날아도 신이 나지 않았고 얼른 집에만 가고 싶었다. 우르르 몰려 들어간 우리 형제들에게 어머니가 함지박 가득 주신 약과는 참으로 맛이 있었다. 김이 모락모락 나는 두부를 양념장에 묻혀 먹던 기억도 오늘따라 새롭다.

설이 가까워지면 어머니가 하시는 일 중에 빼놓을 수 없는 것은 동전 꾸러미를 할아버지께 드리는 것이었다. 배가 불룩해진 큼지막한 주머니를 차고 수염을 가다듬으며 "이젠 됐다"하시던 할아버지의 모습이 그리워지는 저녁이다.

화롯가에 앉아 어머니 말씀을 듣지 않고 갓 익혀낸 유과를 먹다 입을 데여 고생한 일이 생각난다. 나는 밥도 제대로 먹지 못하는데 언니 오빠들은 맛있게 먹어 심통이 나기도 했다. 괜한 트집을 잡아 동생들에게 못되게 굴기도 했다. 지금 생각해 보니 아무것도 아닌 일로 철부지처럼 굴었던 일들이 부끄럽고 미안하기도 하다. 그때는 조심성 없음조차도 형제들 탓이라 여겼으니 참으로 한심했던 나였다. 오늘에야 세월이 약이라는 말이 실감난다.

어머니는 하루에도 몇 가지씩 새로운 먹거리를 장만하면서 우리 형제들을 신나게 했다. 언니 오빠들은 냇물에서 썰매를 타고 들판에서 깡통놀이로 시간가는 줄도 모르고 놀다 때가 되면 집으로 와서 어머니가 주시는 음식을 맛있게 먹었다.

한동안 누워있던 순이가 일어난다. 기운을 차린 모습을 보니 나도 내일부터 우리 아이들에게 추억거리를 만들어 주어야겠다는 생각이 들었다. 머리가 굵어지긴 했지만 먼 훗날 두고두고 가슴이 따뜻해질 수 있는 일이라면 더 좋을 것 같다. 새 식구가 된 며느리도 함께하고 싶다. 새 생명을 잉태한 며느리기에 더불어 함께 나누는 정을 실천하고 싶은 지도 모르겠다.

시대가 변해 전국이 일일 생활권으로 바뀌고 먹거리가 흔한 요즈음은 명절 문화도 많이 달라졌다. 그러나 세상이 달라져도 변하지 말아야 할 것이 있다. 어려운 이웃을 돌보는 것은 아무리 강조해도 지나치지 않을 것이다.

어제 저녁 내가 가끔 찾아뵙는 할머니께 안부 전화를 했을 때 잦아들던 목소리가 들려오는 것 같다. 정이 그립고 말동무가 그리워 올 겨울 더욱 추위를 느끼는 것 같았다. 보호자 한 사람 없이 팔순의 연세에도 손자들 걱정에 마음 편할 날이 없는 할머니이다. 내일은 가족이 함께 할 수 있는 저녁 시간에 할머니 집을 방문할 요량이다. "어메, 이 사람들아 이게 웬일이당가" 하시며 반기실 할머니의 환한 모습을 떠올려본다. 나 혼자 갔을 때

보다 할머니의 가슴이 더 훈훈해질 것 같다.

집으로 향하는 발걸음이 빨라진다. 식구들에게 내일 저녁 사랑 쌓기에 동참할 것을 알려야하기 때문이다. 처음으로 동행하게 될 며느리 반응이 궁금해진다. 내가 하는 일에 아들이 따라 주었듯이 며느리도 그렇게 해 주었으면 하는 바람이지만 며느리가 어떤 결정을 하더라도 의견을 존중해 주련다.

고단한 몸으로 가고 있을 순이는 또 어떤 사랑 쌓기를 할까 궁금해진다.

부러움

　자리를 털고 일어나야 한다는 생각을 하면서도 행동으로 옮기지 못했다. 전기에 감전이 된 것도 아니고 자석에 끌린 것도 아닌데 마음과 생각이 따로따로였다. 식사가 끝나고 우연찮게 2차로 자리를 옮기게 되었다. 여덟 사람이 함께 했는데 뱀띠 해에 태어난 사람이 다섯이다. 뱀이 우글거린다고 하면서도 무서워하거나 피하는 기색이 없고 오가는 대화가 솜사탕 같다. 그러다 자지러지게 웃고 다른 한쪽에서는 시치미를 뚝 떼고 천연덕스런 표정을 짓는다.
　같은 말이라도 하는 사람에 따라 맛이 다르다. 유머스럽게 하면 웃음이 비집고 나오는데 무뚝뚝하게 하면 시답잖게 들린다. 때로는 말하는 이의 젊음 그 자체가 부러움의 대상일 때도 있다. 오늘 저녁 시간을 함께 한 사람들은 거의가 또래인데 나만 나이가 더 많다. 같은 뱀띠인데 12진법이 한 바퀴를 더 돈 것이다.

주로 듣는 편인 나는 그들이 재미있고 부럽다. 까르륵 웃는 모습이 예쁘다. 주고받는 말이 갓 솎은 채소처럼 싱싱하다. 톡톡 튀는 언어 감각 또한 고기가 물 속에서 뛰노는 것 같다.

대화의 화제는 지난 일이었다. 신년 떡국 봉사를 할 때의 일이 도마 위에 올려졌다. 반가움에 "ㅇㅇ아" 했는데 "누구세요?" 했다는 것이다. 평소에 친자매처럼 지내는 막역한 사이인데 몰라본 것이 무척 서운했던 모양이다. 신새벽에 나오면서 추위에 대비를 하느라 모자를 꾹 눌러쓰고 마스크까지 하고 눈만 말뚱거려 누구인지 알 수가 없었단다. 더구나 직장에 다니느라 평소 모임에 잘 참석을 안 하던 사람이라 생각도 안 했다는 것이다. 그런데 새해 첫날이라 동참하고 싶어 갔는데 모른 체한 게 영 서운했던 것이다. 사람은 알 수가 없었는데 음성은 많이 듣던 소리라 고개를 한참이나 갸웃거렸다는 말에 화가 조금 풀린 표정이다.

얼마나 웃었는지 뱃살이 뻣뻣해질 무렵 화제가 옮겨졌다. 지난 여행 때의 일로 거스러 올라갔다. 한 친구는 피부색이 하얗고 옷도 화려하게 입어 누가 봐도 귀부인 차림이지만 집에서는 궂은 일을 직접한다. 식당을 경영하기 때문에 손에 물 마를 날이 없다. 그런데도 차려입고 나오면 공주처럼 보인 데다 유머가 넘치고 사진 찍기를 좋아해 포즈도 잘 잡는다.

반면에 말로 사람들의 인상을 풀어주는 친구는 멋과는 거리가 멀다. 그 친구의 말을 듣고 있노라면 나도 모르게 입꼬리가 올라간다. "그 많은 생선 머리를 자르고 오만 일을 다 하는 네가 왜 공주냐, 공주는 나지." 하면서 목소리를 내리깔면 금세 웃음이 비집고 나오는 통에 참을 수가 없다. 시치미 뚝 떼고 조근조근하는 말이 영락없는 언어 도사다. 부시시한 머리며 옷차림새로 본다면 공주가 아닌데 자칭 공주라며 웃기니 절로 웃음이 나온다. 좌중을 휘어잡는 말씨는 타고나는 모양이다. 모두가 공감할 수 있는 말로 혼을 빼니 즐거움은 배가 되고 부러움의 대상도 된다.

나는 오늘 모임 내내 나이를 잊고 마음껏 웃었다. 젊음 그 자체가 좋고 한없이 부러웠는지도 모른다. 젊음은 자산이다. 친구들의 젊음 앞에 내 어깨가 처질 무렵 할머니들의 모습이 떠올랐다. 그 할머니들도 지금 내가 젊은 친구들을 부러워하는 눈빛으로 나를 바라보셨다. 지금도 가끔 만나면 반가워하시는 모습에서 지난날의 그 눈빛을 보곤 한다.

앞으로는 아래만 쳐다보지 않고 위도 보면서 살련다. 지금 내가 저 친구들의 젊음을 부러워하듯이 팔구십 대의 어르신들은 지금의 내 젊음을 부러워할지도 모른다. 젊음은 멈춰 있지 않으며 흐르는 세월 앞에 그 누구도 비껴가지 않는다. 아래를 쳐다보며 부러워하기보다 위를 보면서 위안을 삼는다면 내 젊음도 아직은 가치가 있지 않을까 싶다. 그 가치를 오래도록 갖는 것은 내 노력이요 투자란 생각을 한다.

  친구들아, 젊음은 좋은 것이란다. 그러니 너희들도 마음껏 즐겨라. 나도 비록 나이는 먹었지만 어린이집 아이들과 어울리면서 동심으로 돌아갈 수 있으니 이 얼마나 좋은가. 그렇다고 나이듦을 원망할 필요는 없다. 나이가 들면 삶에서 묻어나는 향기도 자기가 가꾸기 나름이니까.

『꽃 지고 강물 흘러』를 읽고

 정원에 잡초를 뽑다 땅에 떨어져 있는 탐스런 꽃송이를 보니 가슴이 찡해온다. 며칠 전에 읽은 이청준님의 『꽃 지고 강물 흘러』의 소설이 떠올랐기 때문이다. 꽃이 지는 것은 피었기 때문이며, 강물 또한 흘러가는 것은 자연의 이치다. 우리네 인생 역시 생(生)과 사(死)가 있고 청춘이 있듯이 노년도 있다. 『꽃 지고 강물 흘러』는 노인의 문제를 여러 각도에서 조명해 볼 수 있는 소설이다.

 작가는 어머니를 노인이라 칭했다. 노인의 큰아들은 처자식과 부모의 봉양과는 거리가 멀고 선산까지도 팔고 가족은 뿔뿔이 흩어져 살았다. 큰아들이 죽자 가족이 합치지만 집이 없다 보니 생활은 말이 아니었다.

 둘째아들이 노인에게 당분간만 고생을 하면 집을 마련해 주겠다고 외상 선심을 깔았다. 하지만 그가 빚 꾸러미를 벗은 것은 30대 초반 결혼을 하고서도 10년 가까운 세월이 흐른 뒤였다. 세 칸짜리 아담한 한옥과 뒷산 기슭 중턱에 서너 마지기 산밭 한 자락을 마련해 준 것이다. 노인은 계절이나 때를 가리지 않고 뒷산 기슭을 쉴 새 없이 오르내리며 그 밭이랑 사이에서 길지 않은 여생을 보내다시피 했다.

큰며느리는 노인에게 집안일을 맡기고, 아이들을 거두기 위해 십리 밖 장터거리로 갯것 장사를 다녔다. 노인 또한 고단한 청상 며느리를 위해 낮이면 산밭 일로, 저녁이면 손자들 끼니 마련으로 정성껏 서로를 위하고 지냈다. 노인과 며느리 사이는 이렇게 서로 믿어주고 아껴주며 애틋한 소망과 아픔을 함께했다.

밤늦게 귀가하는 며느리의 무섬증을 덜어주기 위해 마중을 나갔고, 혼자 걸어오는 며느리는 어디에 있는 줄도 모르는 시어머니에게 자기의 위치를 알리기 위해 소리를 지르기도 했다. 그러다 며느리를 만나면 머리에 바구니를 받아 이고 앞장서 걷는 시어머니였으니 어찌 고부간의 갈등이 있었으랴.

그러나 세월의 흔적은 어쩔 수 없는 것, 나이가 많아지자 기력이 쇠잔해지고 가족을 보살피는 입장에서 보호를 받아야 할 처지가 되었다. 그때부터는 불협화음이 이어지지만 둘째아들은 이해하려고 노력했다. 끼니에 양을 적게 주는 것은 잦은 배변의 괴로움을 덜어주기 위한 형수의 불가피한 처사로 여겼다. 하루 종일 노인을 방에 가두고 문고리를 채워 놓는 것은 바깥일을 대신해 줄 사람이 없는 조치로 받아들였다. 전에 없이 노인 앞에 큰 소리를 내는 것은 어두운 청력과 망각증 탓으로, 며느리 앞에서 자주 겁을 먹는 것은 앞뒤 사정 못 가린 채 일상으로 저질러지는 실수를 덮기 위함이라 짐작을 했다. 세월의 해악 이외에는 누구에게도 딱히 허물을 물을 수 없는 노모의 삶이 한스러울 뿐이었다.

 노인은 갈수록 괴롭고 까마득한 의식의 함몰 상태 속에, 그리고 그것으로 당신이 돌아가실 내세의 집터 값을 치르고 길을 다 익히셨다. 어느 해 이른 봄 노인은 이승의 모든 짐을 벗고 마지막 산밭 길을 올라가서 유택을 잡고 누웠다. 그 뒤부터는 둘째아들 부부가 오면 형수는 눈치가 보이게 했다.

 집안에 곳곳에 배인 노인의 흔적을 지우고 자기의 집으로 만들려는 형수와 고단하게 살아온 노모의 흔적을 지키려는 둘째아들 사이에 갈등이 시작되었다. 나름의 입장에서 보면 딱히 정답은 없지만 소유에 대한 서로의 속내는 있었다. 하지만 그것을 누가 탓할 수 있으랴.

 땅바닥에 떨어진 꽃송이에서 나는 노인의 모습을 보았다. 피는 꽃에서 아름다움을 느끼듯이 지는 꽃의 아름다움도 인지할 수 있다면 좋으련만. 오로지 가족만을 위해 희생하다 대책 없이 맞는 노년. 가족에게 짐이라는 부담감으로 자신의 위치마저 잃어버린 어른의 자리는 어디에 존재할까. 노인의 흔적을 지움으로써 집이 자기 몫이 되리라 생각한 형수, 그에 맞서 노인의 흔적을 지킴으로써 집도 지킬 수 있다고 믿는 둘째아들과의 보이지 않는 갈등은 우리 사회의 문제점을 여실히 볼 수가 있었다.

내 것은 내 것이지만 남의 것은 내 것이 될 수가 없다. 그런데 사람들은 남의 것도 내 것이라는 착각을 한다.

햇볕도 화사한 주말이다. 그러나 내 마음은 날씨와는 반대로 먹구름에 쌓여 있다. 오늘 날씨처럼, 울긋불긋 정원에 만발한 꽃들처럼 내 마음도 화사하면 좋으련만. 지는 꽃은 무엇이며 강물의 종착지는 어디일까? 해마다 봄이 오면 우리 집은 이렇게 화사한 꽃 속에 묻히는데 내 노년은 어떤 색깔일까?

나이에 새 옷을 입히자

갑신년 새해, 꿈과 희망을 실은 태양이 두둥실 떠올랐다. 일년 365일을 변함없이 비춰 줄 태양이다. 눈이 부시다. 햇살 사이로 내 나이가 따라온다. 결코 적지 않은 숫자다. 사방을 둘러본다. 마음을 가다듬고 나이를 주워 모은다. 무게가 제각각이다. 묵직한 나이는 입가에 미소가 번지는데 가벼운 나이에는 허탈감이 인다.

나이와 마주 앉는다. 그리고 또 한 살의 나이를 보탠다. 새로운 숫자의 나이는 어설프기 짝이 없는 맨몸이다. 이제부터 새 나이에 새 옷을 입혀야 한다.

옷을 입기에 앞서 지금까지 입었던 옷을 생각해 본다. 잘 어울린다고 즐겨 입었던 옷이 어색하게 느껴지는가 하면 어떤 옷은 보기와는 달리 잘 어울리는 옷도 있다. 겉모습이 화려한 옷은 늘 조심하느라 오히려 불편했는데 볼품없이 허름해도 편했던 옷에는 삶의 흔적들이 배어 있다. 눈에 익지 않은 옷에는 향기가 없는데 땀 냄새 물씬 풍기는 옷에서는 삶에 맛이 흠뻑 묻어 있다.

올해는 어떤 옷을 입을까. 입어서 편하고 부담감이 없으면 된다. 그래도 체형에 맞는 옷이었으면 한다. 화려한 옷보다 순수한 옷으로 내가 손수 세탁해서 입을 수 있는 옷이면 된다. 많은 손질이 필요한 옷은 부담스럽고 언제나 빨아서 새 옷처럼 입을 수 있는 옷이면 좋겠다. 활동을 많이 하고 땀도 많이 흘리니까 수축성과 흡수성이 좋아야 한다. 육체미를 과시할 일은 없으니 몸에 꼭 끼인 옷보다는 헐렁한 옷이 내게는 제격이다. 아무리 내 옷이라 해도 보는 사람에게 거부감을 줄 수 있는 옷은 입지 않을 것이다. 또한 맨살이 훤히 보이는 옷도 고려해야 한다.

'의복이 날개'라고 한다. 하지만 개성이 무시된 옷은 아무리 잘 차려 입어도 날개가 될 수 없다. 격에 어울리고 신체를 보호할 수 있는 옷을 입었을 때 비로소 날개가 된다. 공사판에서 막노동을 하는 사람이 넥타이를 매고 양복을 입었다면 맞지 않은 옷차림이다. 직업에 귀천은 없다. 하지만 옷은 직업과 어울려야 한다. 또한 나이와도 어울려야 한다. 개성이 무시 되어서도 안 된다.

여자가 자신의 옷차림에 신경을 쓰고 화장을 하는 것은 상대방에 대한 예의라고 한다. 그렇다고 꼭 화려한 옷을 입는 것이 상대방에 대한 예우는 아니지 않은가. 때와 장소에 따라 자신의 신분에 어울리는 차림이면 된다고 생각한다. 대물림해 가며 입던 옷은 해어져서 못 입었는데 요즈음의 옷은 싫증이 나서 입지를 못 한단다. 할머니 어머니가 길쌈을 해서 지어주신 옷은 화려하지는 않아도 가족 간의 정이 가득 담겨 있었는데, 정은 실종되고 화려함이 판을 친다.

 재단사는 아니지만 내 나이의 옷을 지으려고 한다. 옷감은 신축성과 흡수성이 뛰어난 천으로 고른다. 그리고 활동하기에 불편하지 않도록 품은 넉넉하게 마름질한다. 일년 내내 입어야 하기에 촘촘하게 한 땀 한 땀에 정성을 다하여 재봉질한다. 사랑을 주고 아픔은 나눌 줄 아는 옷이 완성이 되었다.

 옷을 입는다. 아기자기한 멋은 없어도 튼튼하게 지어진 옷을 입었으니 할 일이 많다. 아직은 배우는 입장이니 학습을 게을리 할 수 없다. 연로하신 시어머니와 친정어머니도 자주 찾아뵈어야 하고 자원봉사 다니는 할머니도 살펴드려야 한다. 몸이 성하지 못한 장애우의 손발도 되어주어야 하고 정신 연령이 낮은 사람들의 학습도 돌봐주어야 한다. 그리고 가끔은 몸이 불편한 사람들이 모여 지내는 곳에 들러 말벗도 되어주고 싶다.

 활동을 하다보면 옷이 더러워질 수도 있고 아무리 꼼꼼하게 박음질을 해도 뜻하지 않게 실밥이 풀릴 수도 있을 것이다. 그러나 당황하지 않을 것이다. 일을 하다보면 마른 흙도 있겠지만 진흙일 때도 있을 것이니 직면한 그 상황에서 최선을 다할 것이다. 그리하여 더러워진 옷은 깨끗하게 세탁하고 수선도 하여 언제나 새 옷처럼 입으련다.

일 년 후에 이 옷을 벗었을 때 삶의 향기가 물씬 묻어날 수 있었으면 좋겠다. 내가 어떻게 하였느냐에 따라 향기가 달라질 것이다. '향 싼 종이에서는 향 냄새가 나고 생선 싼 종이에서는 생선 냄새가 난다.'고 하지 않던가. 쉬운 일만 가리지 않고 이런 일 저런 일을 부지런히 하면서 열심히 뛰고 노력할 수 있는 한 해가 되기를 소망한다. 그래서 볼품은 없을망정 내가 좋아하는 색깔과 디자인으로 지은 옷이 화려한 옷에 버금가는 옷이 되었으면 한다.

이 세상에서 가장 아름다운 옷은 뭐니 뭐니 해도 상대방을 배려할 줄 아는 마음의 옷이 아닐까.

괜한 고집이

　비를 맞았다. 순식간에 쏟아진 비에 옷이 흠뻑 젖었다. 검었던 하늘에 갑자기 구멍이 뚫린 듯 비가 오는 바람에 피할 재간이 없었다. 문 여는 소리가 나니 남편이 내다본다. 금방 나갔던 사람이 비 맞은 생쥐 꼴로 되돌아오니 꼴좋다는 표정이다. 우산 가지고 가라는 남편의 말을 흘려들은 결과다.
　현관문 앞에서 몸에 달라붙은 옷을 벗고 속옷 바람으로 화장실로 직행한다. 몸을 씻고 머리까지 감고 나와도 비는 여전히 내리붓고 있다. 볼일을 보고 뒤처리를 하지 않은 것 마냥 개운하지가 않다. 고개를 갸웃거리다 수건으로 머리를 닦는데 촉감이 다르다. 엉렁뚱땅 씻느라 나도 모르게 머리 헹구는 것을 생략한 것이다. 뻣뻣한 머리카락이 '남편 말을 듣지 않더니 나까지 홀대하느냐'며 비아냥거리는 것 같다.

다시 화장실로 간다. 린스를 손바닥에 묻혀 머리카락을 매만진다. 그제야 쭈빗거리던 머리카락이 순해진다. 잠시나마 얼마나 찝찝했을까? 주인을 잘못 만나 불쾌감을 맛봤다고 투덜대지 않은 게 다행이다.

머리를 만지니 손가락 사이로 머리카락이 스르르 빠진다. 텔레비전 선전에서 보았던 머릿결이 눈앞에서 헤엄을 친다. 지금의 내 머리카락이 어린아이의 피부 같다면 조금 전 린스로 헹구지 않았던 머리카락은 노인의 살갗 같다. 뽀얀 피부와 윤기라고는 없는 살갗. 누구나 뽀얀 피부를 갖고 싶어 하지만 원하지 않아도 나이가 들면 피부에 윤기가 없어진다. 이것이 살아가는 삶의 과정이다.

그런데 한사코 자연스레 주어진 과정을 거역하는 사람들이 있다. 억지로 피부를 젊게 만든다고 세포까지 젊어지지 않는다. 한동안은 젊게 보일지 모르나 노쇠해지는 세포는 어쩔 수 없다. 그런데도 젊어지려고 얼굴을 혹사시키는 사람들이 늘어나고 있다니 안타깝다.

젊게 보이고 싶은 욕심이 어디 얼굴에만 있으랴. 얼굴은 쭈글쭈글한데 머리를 검게 염색한 사람을 보면 인간의 양면성을 보는 것 같아 씁쓰레해진다.

보기 좋은 멋에만 길들여진 사람한테 생을 재촉한다고 하면 억지를 부린다고 할 것이다. 현대 의학을 등에 업고 말이다. 진정 아름다운 것이 무엇인지도 모르고 남이 하니까 따라서 하며 여유를 값어치 없게 쓴다.

흔적은 어쩔 수 없이 남기 마련이다. 눈 쌓인 길을 걷고 나면 발자국이 생기듯이 세월도 마찬가지다. 계절이 바뀌듯이 자연스런 삶의 과정을 거역하니 부작용도 생긴다. 세월과 함께 외모가 변하는 것은 과일이 익어가는 것처럼 자연스러운 현상으로 결코 추한 것이 아니다.

나이가 들면 변하는 것이 어찌 외모뿐이랴. 우리 몸의 기능이 노쇠해지고 여기저기서 경고음도 울린다. 보고 싶고 듣고 싶어도 자기의 의지와 다르게 무디어지니 나이와 맞바꾸는 셈이다.

어느 유행가 가사처럼 나이가 들면 늙어가는 것이 아니라 익어가는 것이다. 익어가는 것은 성숙해지는 것이며 원숙미가 있다. 어르신들이 지혜로운 것은 익어가면서 터득한 삶의 깊이가 아닌가 싶다.

남편이 우산 가지고 가라고 했을 때 귀담아 들었더라면 머리를 다시 감는 수고로움을 덜었을 텐데. 들리는 것을 억지로 귀를 막았으니 그에 상응하는 벌(?)이 따르기 마련이다. 괜한 아집 부리다 빨래만 늘어났다. 하지만 깨달은 바가 있으니 소득이 아주 없는 것은 아니다. 앞으로는 사소하고 작은 소리도 귀담아 듣는 생활인이 되리라 다짐해 본다.

치매의 번지 수

 텔레비전으로 영화를 감상하다 말고 십수 년 전의 일이 불현듯 생각났다.
 그날 난 기분 좋게 차에 올랐다. 오랜만에 가족이 함께 영화를 보러 가기 위해서였다. 간간이 빗방울은 뿌렸지만 그게 대수랴. 식구는 다섯이지만 둘째는 금년 봄에 군에 입대했고, 입시생 막내 딸아이는 인접한 도시에서 자취를 하므로 집에는 세 사람뿐이었다. 그러기에 온 가족이 함께 외출 하기가 쉽지 않았다.
 아들이 운전 한 차가 백운아트홀을 지날 즈음 전화벨이 울렸다. 그렇지 않아도 막 전화기를 꺼내려던 참인데 지인이 전화를 한 것이었다. 그녀는 어디만큼 왔느냐고 하면서 관람권을 백운아트홀로 갖다 주겠다고 했다. 그때 차가 송죽아파트 옆을 지나고 있었다. 시간을 쪼개며 사는 그녀와 내가 아파트 입구로 가겠다고 했더니 그러면 출입구에 내려와 있겠다고 했다.

그런데, 분명 기다리겠다고 한 그녀는 한참을 기다려도 보이지 않았다. 마지막 회 영화라 늦게 가면 좌석이 없을 것이라며 서둘러 오라던 그녀가 오리무중이었다. 그녀 집으로 전화를 했더니 어린 아들이 받으며 엄마는 조금 전에 밖으로 나갔다는 것이었다. 다시 사방을 두리번거리며 그녀를 찾느라 속이 타는데 내 마음을 알 리 없는 빗방울이 거세졌다. 그런 와중에도 사람들은 삼삼오오 짝을 지어 차에 오르고, 주차장 곳곳에서는 차들이 빠져나가는 것이 보였다. 꼬리를 물고 이어지는 차를 보자 불안해지기 시작했다. 몇 년 전에 늦게 도착한 바람에 영화를 보지 못하고 되돌아 온 일이 생생하게 떠올랐기 때문이다.

다시 그녀 집으로 전화했다. 이번에는 남편이 받기에 용건을 말했더니 어디에서 기다리느냐고 물었다. 7동 출입구 앞이라고 했더니 잠시 기다려 보라고 했다. 굵은 빗방울 사이를 누비며 또다시 그녀를 찾았지만 행방은 묘연하기만 했다. 그렇다고 그냥 되돌아 올 수도 없는 노릇이었다. 우리 식구야 집으로 돌아가면 된다지만 우리 가족을 위해 관람권을 가지고 나온 그녀를 한정 없이 기다리게 하는 건 예의가 아니었다.

전화벨이 울려 얼른 귀에 대었더니 그녀였다. 아무래도 이상해 전화를 하는 것이라고 했다. 그때도 난 추호의 의심도 없이 내가 있는 위치를 그녀에게 일러주었다. 사랑아파트 7동 출입구

앞이라고. 그런데 그녀는 자기네는 초원아파트 7동이란다. 그러면서 그 자리에 가만히 있으라는 것이었다.

주차장으로 들어오는 차만 살피고 있는데 그녀가 차 문밖으로 얼굴을 내밀면서 관람권을 흔들었다. 그녀 옆에는 독서회 회원도 앉아 있었다. 회원도 영화를 보러 가는 중이라고 했다.

만차라는 입간판이 내걸린 백운아트홀은 들어갈 수조차 없었다. 이미 영화가 상영될 시간이었다. 하는 수 없이 나와 회원은 차에서 내리고 자동차는 주차할 곳을 향하여 어디론가 가야만 했다.

관람객들이 되돌아 나오며 설 자리도 없다고 투덜거렸다. 회원을 들여보내 놓고 나는 들어가지도 나오지도 못하고 건너편 길에서 남편과 아들의 모습만을 찾는데 출입문을 닫을까 봐 가슴이 조마조마했다. 더는 참을 수가 없어 아들에게 전화했다. 아들은 근처에까지 왔다며 먼저 안으로 들어가라는 것이었다. 그러나 그럴 수도 없었다. 그렇지 않으면 집으로 돌아갈 때 다시 한번 남편과 아들을 찾는 수고를 해야 하기 때문이었다.

예상은 했었지만 영화관은 그야말로 초만원이었다. 사람들 틈을 비집고 들어가는 남편 뒤를 따라 들어가 겨우 몸을 세웠는데 아들은 오다 말고 나가버려 이산가족이 되었다. 발을 밟고 미안하다는 말도 없이 지나가도 불평이 없었던 이유를 알 수 있었다.

예술의 혼을 살리는 사람만이 진정한 환쟁이라는 외침이 긴 여운으로 가슴에 남은 영화 〈취화선〉. 과연 국제영화제에서 수상한 작품다웠다.

영화에 흠뻑 취해 돌아오면서 그때서야 지인이 얼토당토않게 사랑아파트에 사는 것으로 착각을 한 것이 걱정되었다. 치매는 번지수를 따지지 않고 찾아간다는 말이 떠올라서였다. 잠시 착각을 한 것이라면 다행이지만 나에게 치매증상이 나타났다면 이걸 어찌해야 할까?

4부
시골에서 산다는 것은

내 삶은 어떤 삶인가.
꼬투리가 울퉁불퉁 알알이 알차게 여문 제비콩 같은 삶일까.
아니면 겨울이 오도록 후줄근하면서 밋밋한 제비콩 같은 삶일까.
한날한시에 심었어도 여물이 꽉 찬 것이 있는가 하면
어떤 것은 콩으로서의 가치가 없는 것이 있다.
말 못하는 식물이라고 값어치 없이 살고 싶은 것이 어디 있으랴.
아무리 노력해도 생각한 것처럼 되지 않는 것이
인간사이듯 식물도 마찬가지가 아니겠는가.

붉은 길

　궂은 날이 열흘도 넘게 계속되더니 오늘은 아침부터 하늘이 맑다. 날씨가 변덕을 부리려나 하면서도 미루어 두었던 빨래를 세탁기에 넣었다. 장독에 간장을 뜨러 갔는데 해가 모습을 드러내 반가워서 한참을 바라보았다. 날씨가 개이면 해야 할 일이 많은데 하필이면 이런 날 진도를 가야 한다.
　아침밥을 먹으며 남편에게 손을 모으자고 했다. 남편도 외출을 해야 하는데 내 의견에 동의했다. 서둘러 그릇을 챙겨 고추밭으로 갔다. 햇살이 비추니 고추들도 신이 나는지 붉은 꽃 잔치가 한창이었다. 한 손으로 나무를 잡고 다른 한 손으로는 고추를 따서 담으니 그릇은 금방 쑥쑥 차오르는데 제자리를 맴돈다. 쨍쨍 내리쬐는 햇볕에 땀방울이 줄을 잇지만 더운 줄은 모르겠고, 시간 가는 것만 안타까웠다.

연신 시계를 보면서 고추를 따다 보니 조급한 마음에 익지도 않은 고추를 따기도 했다. 절반쯤 딴 고추를 집으로 옮겨 실한 것과 부실한 것을 가려 놓고 서둘러 집을 나섰다. 뛰다시피 하여 도착했을 때는 이미 약속 시간이 한참이 지난 후였다. 모두들 차 안에서 손부채로 더위를 식히고 있었던 회원들은 자기네들 고추를 따다 온 양 수고했다고 손을 잡아 주었다.

일행을 태운 승합차는 제 속력을 유지하며 달렸다. 그러나 내 마음은 차를 타고 가는 중에도, 휴게실에서 잠시 쉴 때도, 온통 고추한테로 쏠렸다. 날씨가 개기만을 기다렸는데 고추를 다 따지 못했으니, 또 비가 오면 어쩌나 걱정이 되었다. 그렇지 않아도 올해는 작황이 좋지 않은데 거둬들이는 형편마저 여의치 않았다. 출발하기 전에 딴 것도 실한 것은 문제 될 것이 없는데 부실한 것은 걱정이었다. 그마저 관리라도 잘하면 되는데 손이 빠지면 영 못 쓰게 된다. 남편이 마무리를 잘 짓겠지만, 걷어 들이는 것에 조금만 소홀하면 다 지은 고추 농사여도 수확은 장담할 수 없다.

행사 일정이 내일까지여서 오늘은 남편이 집안일을 도맡아야 한다. 그런데 오늘은 그도 모임이 있다. 오랜만에 만나기에 귀가 시간이 지연될 것이 뻔하다. 저물기 전에 남편이 돌아오면 거둬들이는 것을 행여 잊어버리더라도 습관처럼 집안을 둘러보면 눈에 뜨이겠지만, 늦게 와서 어둠에 묻혀 버리면 낭패다. 고추는 이슬을 맞으면 붉은 제 색깔을 잃기 때문이다.

　진돗개가 수문장처럼 지키고 있는 진도대교를 지나 목적지로 가는데 고추가 길에 널려 있었다. 가도 가도 온통 붉은 길이었다. 순간 내 마음이 편안해지면서 조급함과 불안함이 사라졌다. 객지인데도 고향 같고 출발하기 전에 내가 딴 고추가 그 길에 누워있는 것 같았다. 그러면서 붉은 길이 더없이 정겹게 느껴졌다. 어디선가 어머니와 아버지의 냄새도 났으며 두엄 냄새도 나는 것 같았지만 싫지 않았다. 그 길에는 허리 굽은 할머니의 환한 웃음도 함께 있었다.

　마을은 드문드문 있고 사람은 보이지도 않은데 붉은 길이 이어졌다. 그 길에는 이해와 나눔의 정도 있는 것 같아 더욱 좋았다. 궂은 날 고추를 보관하느라 얼마나 애가 탔을까.

　얼마 되지도 않은 것도 마음에 응어리를 만드는데 저렇게 많은 것을 갈무리하면서 겪었을 고충이 짐작되었다. 행여 고추가 밤이슬을 맞았을 지라도 원망하지 않으련다.

　사람은 물론이고 식물이나 사물에게도 때가 있다. 오늘 고추를 다 따지 못했지만 후회는 하지 않는다. 당장이라도 비가 쏟아지면 나무에서 처질 것들이 늘어나 수확이 줄어들 것이다. 그래도 남는 것이 있다. 그 온전한 것을 관리하면 우리 가족이 먹을 양은 충분할 것이다. 일손을 놓고 고추밭을 나설 때는 뒤가 자꾸만 돌아다 보였다. 하지만 나에게도 재충전의 시간이 필요하다. 일손을 놓고 나왔으니 오늘은 하나라도 더 보고 들으며 문학의 길을 넓히련다. 모든 것을 얻을 수만은 없다. 얻은 것이 있으면 잃는 것도 있기 마련이다.

　문학 여행길에서도 고추 길에 눈길이 가는 것을 보면 나는 천상 농부인가 보다. 오늘 밤 꿈에서라도 붉은 꽃들과 두런두런 이야기를 나누며 그 길을 실컷 걸으련다.

제비콩을 따면서

어제 저녁 일기예보를 생각하면서 옷깃을 여미었다. 목도리를 두르고 장갑도 끼었다. 현관문을 나서니 볼을 스치는 바람이 칼날 같았다. 와상에 있는 바구니를 옆구리에 끼고 밭으로 갔다. 마음이 걸음보다 앞섰다. 미처 갈무리하지 못한 제비콩을 따기 위해서였다.

바람이 뺨을 마구 때렸다. 옷깃을 들추고 가슴으로도 들어왔다. 눈이 얼얼했다. 밭이랑에 바구니를 놓고 제비콩을 둘러보았다.

무엇하다 이제 왔느냐고 여기저기서 수군댔다. 일부에서는 지금이라도 거두어 주니 다행이라며 바스락거리고 몸을 비볐다. 미안한 마음에 손을 바삐 움직였다. 오돌돌 떨고 있던 콩깍지들이 안도의 숨을 쉬었다. 조금 전 비난의 목소리를 쏟아내던 때와는 다르게 다소곳했다.

사람이나 곡식이나 알차야 좋다. 깍지가 충실한 것은 껍질이 탱탱하고 촉감도 좋은데, 여물이 덜 든 것은 색깔이 우중충할 뿐만 아니라 손에 닿는 느낌도 물컹거려 좋지 않았다.

사방에서 바람이 부니 머리가 공중에서 춤을 추며 눈을 가렸다. 제비콩 따던 손으로 머리를 붙잡았다. 산발한 머리가 잠시 가쁜 숨을 쉬었다. 들썩거리던 옷깃도 잠잠해졌다. 바람도 지쳤는지 숨을 고른다.

다시 제비콩을 땄다. 두 손을 바삐 움직였다. 바람이 잘 때 하나라도 더 따기 위해서였다. 나뭇가지로 올라간 줄기를 끌어당기다 발을 헛디뎌 제비콩이 쏟아졌다. 급할수록 돌아가라 했는데 마음만 앞선 결과다. 장갑을 벗고 땅에 흩어진 콩을 주워 담았다. 늦게 거두는 것도 미안한데 쏟기까지 했으니 빠트리지 않으려고 눈에 불을 켜고 주웠다.

바구니가 점점 차올랐다. 이제야 수확의 기쁨을 맛보았다. 이런 즐거움이 있기에 땀을 흘리면서도 농사를 짓는다. 바람도 수확의 기쁨을 마음껏 즐기라고 잠을 자는 것 같았다. 힘들면 힘든 대로, 수월하면 수월한 대로 굴곡이 왜 없을까마는 그것을 극복하면서 즐기는 것이 삶이 아닌가 싶다. 오늘 늦은 수확을 하면서 잠시 주위를 돌아본다. 세상사 생각하기 나름이다.

언니가 봄에 제비콩 씨앗을 한 줌 주었다. 일찍 심어야 열매가 알차다고 일러주어서 고추와 들깨밭 가장자리에 빙 둘러 심었다. 마지막 고추를 따고 제비콩도 따야 했는데 손을 놓치고 나니 좀처럼 짬이 나지 않았다. 땅에 닿으면 싹이 나는 장마철의 강낭콩 같았으면 어떻게든 틈을 내어 땄을 것이다. 그런데 제비콩은 다른 곡식이나 나뭇가지를 타고 올라가서 열매를 맺으니 비가 와도 괜찮아 차일피일 미루었더니 바람한테 매를 맞으며 따고 있다.

줄기를 잡아당기니 이번에는 제비콩이 우르르 딸려왔다. 한 손에는 알차게 여문 제비콩이, 다른 한 손에는 후줄근한 제비콩이 있다. 제비콩을 통해 나 자신을 본다. 알찬 콩처럼 나도 누가 보고 겪어도 인품을 갖추고 정이 묻어나는 사람이 되도록 내면에 살을 찌워야 하는데 쉽지 않은 일이다.

나뭇가지에서 대롱거리는 제비콩이 흡사 내 모습 같다는 생각이 든다. 늘 바둥거리며 사느라 여유가 없었다. 여유는 마음으로 갖는 것인데 그마저 갖지 못하면서 무엇을 얻기 위해 살았을까? 또한 내가 가지려고 추구한 것은 무엇이었을까?

내 삶은 어떤 삶인가. 꼬투리가 울퉁불퉁 알알이 알차게 여문 제비콩 같은 삶일까. 아니면 겨울이 오도록 후줄근하면서 밋밋한 제비콩 같은 삶일까. 한날한시에 심었어도 여물이 꽉 찬 것이 있는가 하면 어떤 것은 콩으로서의 가치가 없는 것이 있다. 말 못 하는 식물이라고 값어치 없게 살고 싶은 것이 어디 있으랴. 아무리 노력해도 생각한 것처럼 되지 않는 것이 인간사이듯 식물도 마찬가지가 아니겠는가.

지금까지 살았던 삶은 되돌릴 수는 없지만 앞으로라도 이웃과 함께 살고 싶다. 이제까지 제대로 하지 못했던 사회봉사도 하면서 말이다. 봉사는 입으로 하는 것이 아니라 실천하는 것이라 했고, 욕심을 부리는 것이 아니라 내 것을 나누어 가지는 것이라고도 했다.

내친김에 오후에는 익은 호박과 제비콩으로 죽을 끓여야겠다. 제비콩 씨앗을 준 언니와 죽을 좋아하는 동생과도 나누어 먹고 싶다. 가까운 이웃들과도 오랜만에 둘러앉아 정담을 나누며 얼얼한 속을 달래리라. 내가 자원봉사 다니는 할머니가 죽그릇을 보고 빙그레 웃으며 바라보는 것 같다.

마음속에 내리는 비

갑자기 주위가 어두워지는가 싶더니 먹구름이 몰려왔다. 금방이라도 비가 쏟아질 것 같았다. 서둘러 비설거지를 했다. 빨랫줄에 널린 이불을 집안으로 들이고, 마당에 고추를 걷으러 달려가는데 신발이 한 짝 벗겨졌다. 급한 마음에 한 발은 맨발인 채로 비설거지를 하는데 평소에는 몸에 맞던 몸빼바지가 흘러내렸다. 허리춤을 움켜쥐고 달리는데 한 쪽 신마저 벗겨졌다.

널려져 있는 양파와 감자를 자루에 담아 창고에 자리를 잡아주고, 여기저기 흩어져 있는 농기구는 한자리로 모았다. 빨래건조대를 옮기려다 말고 하늘을 보니 검은 구름은 간데없고 파란 하늘이 훤히 보였다.

아니 이럴 수가 있단 말인가. 분명 먹구름이 하늘을 덮고 있었다. 그래서 발바닥에 불이 나도록 비설거지를 했는데 먹구름

한 점이 없다니 꼭 헛것을 본 느낌이었다. 평상에 걸터앉아 허탈한 마음을 달래는데 손에 쥔 것을 잃어버린 기분이었다. 갑자기 더위가 몰려왔다. 한참을 정신없이 움직이면서도 구름이 안고 있는 비를 뿌려 줄 것이라 생각하니 절로 힘이 솟았다. 그런데 그 희망이 사라져 버리니 온몸에 힘이 쑥 빠졌다.

먹구름이 도대체 어디로 사라져 버렸단 말인가. 비를 기다리는 내 마음이 먹구름을 불러들이기라도 했을까? 아니면 수동적인 식물들의 마음이 그렇게 보았던 것일까.

불볕더위가 이십 일도 넘게 계속되며 소나기 한 줄기 오지 않았다. 매스컴에서는 연일 기록이 갱신되었다고 보도했다. 그저 좋아할 것도 없는 수치만 올라갈 뿐이었다. 아우성을 치고 원성을 해도 사람들은 인위적으로라도 더위를 피할 수 있다. 그러나 식물은 그렇지 않다. 반쯤 생기를 잃은 나뭇잎은 손만 닿아도 떨어졌다. 축 늘어진 가지에 생명이 있다고 믿기지 않았다. 빌빌 꼬인 나무는 싱싱함을 하늘에 저당 잡히고 허수아비처럼 서 있을 뿐이었다.

한바탕 소나기가 쏟아지면 한결 시원해지면서 식물들의 목마름도 해결이 될 텐데. 하늘을 올려다보고 구시렁거리다 수국나무 잎과 눈이 마주쳤다. 넓은 잎이 굶주림에 지친 아프리카 아이의 흐릿한 눈빛 같았다. 애타게 기다리는데도 감감 무소식인 비는 언제쯤 올까.

옮겨 심은 배추 모종이 시들거렸다. 물을 길어다 주어도 그때뿐이고 시간이 지나면 끓는 물에 데쳐 놓은 것 같았다. 밭 옆에 웅덩이는 바닥이 갈라진 채 하늘을 빤히 쳐다보고 있다.

내 마음에 빗줄기가 몰려왔다. 그래 가뭄이야 내 힘으로 막을 수 없지만 수돗물은 얼마든지 줄 수가 있지 않은가. 호스를 연결하고 수도꼭지를 틀었다. 물세례를 받은 나무들이 굳었던 몸을 풀었다. 나뭇잎도 너실거렸다. 생기를 되찾으니 나뭇가지에 힘이 있었다. 나무들도 고맙다고 인사를 하는지 방실거리고 웃었다. 그 웃음이 좋아 멀리까지 물줄기를 보냈다. 사방에서 까륵거리는 소리가 들렸다. 내 작은 수고가 큰 보람을 느끼게 해주었다.

하늘거리는 나뭇잎을 보다 생각에 잠겼다. 정원의 나무는 물을 뿌려주는 것으로 목마름이라도 해결할 수 있지만 들판의 농작물은 어떻게 할 것인가.

문득 우리 인생사도 농작물과 같다는 생각이 들었다. 세상을 살아가면서 전후 징조가 있으면 대비를 하련만 시련은 예고도 없이 닥친다. 그러기에 매사에 신중해야 한다. 유비무환(有備無患)을 생활화 할 수밖에 달리 방법이 없다. 상대방의 입장에서도 생각해 보고, 행동으로 옮기기에 앞서 한 번 더 뒤도 돌아보아야 한다. 나만 좋은 것보다 우리 모두가 함께 좋으려면 말이다.

갑자기 쏟아지는 소나기에 정신이 이제야 든 기분이다. 사방에서 갈증을 푼 나무들이 기지개를 켜고 콧노래를 부르는지 들릴 듯 말 듯한 노랫소리가 들려온다. 날마다 소나기를 쏟아내라는 나무들의 당부인가 보다.

우선 순위

　말이 한 필 터벅터벅 걸어온다. 지친 기색이 역력해 보여 달려가 부축이라도 해주고 싶은데 마음뿐 선뜻 나설 수가 없다. 그보다는 말이 골인 지점을 통과하기 전에 해야 할 일의 우선 순위를 정해 실천하는 것이 급선무일 것 같다.
　반란이 일어난다. 서로 먼저 해 달라고 다툼이 생긴 것이다. 저마다 내가 먼저라고 아우성인데 한 녀석은 말이 없다. 무엇인가 할 말이 있는 것 같은데 애써 말을 삭히고 있는 게 분명해 보인다. 곁에 다가가
　"당신은 왜 말을 하지 않소." 하니
　"어련히 알아서 해 줄 텐데 나까지 저 아우성을 지르란 말이오." 하면서 한 발 더 뒤로 물러선다. 녀석이 주머니에서 종이를 꺼내 본다. 무언가 빽빽이 적혀있는 것은 언뜻 보아도 일정표 같

다. 녀석의 어깨 너머로 깨알 같은 글을 읽다말고 명치 끝이 아려온다. 아뿔사. 불과 1년 전의 약속을 이렇게 잊고 있었단 말인가. 아니 더 솔직히 말하면 가끔씩 생각은 했는데 바쁘다는 이유로 차일피일 미루고 미루다 오늘까지 온 것이다.

작년에 우리 과수원의 감나무에 붉은 등이 모두 꺼진 뒤 곶감 깎는 집에 자원봉사를 간 적이 있었다. 그 집에 도착했을 때의 첫 느낌은 일손이 많이 필요한 집이라는 것이었다. 한눈 팔지 않고 일을 해야겠구나 하는 생각에 열심히 도왔다. 내가 농사지을 때의 일도 생각났다. 인부들은 점심을 먹고 나면 나무 그늘에 자리를 잡아 잠을 잤다. 늘어지게 자고 일어나 오후 일을 시작할 때가 되어도 연장을 손질하는 척하며 시간을 지연했다. 기다리다 못해 내가 먼저 일을 시작하면 한참이 지나서야 거드름을 피우며 연장을 들었다. 이웃 동네에 공사판에서 일하며 사는 아저씨가 계신데 그분이 이런 말을 했다.

"공사판에서 땀나도록 일하면 삼 대가 공사판에서 일하는 것을 면하지 못한다."고. 이는 대충 일을 하다 하루 해만 채우면 된다는 약삭빠른 계산법이다. 감독이 앞으로 오면 뒤로 가고, 뒤로 오면 앞으로 다니며 땀나지 않게 시간만 채웠다니 몸은 수월했을지 모르나 형편은 늘 궁핍했다.

부부가 어떻게나 앙팡지게 일을 하던지 나도 덩달아 손이 빨라지며 도와주고 싶은 마음이 절로 들었다. 점심을 먹고 쉬면서도 수돗가 한 쪽에 쌓여 있는 수건이며 걸레를 빨아서 건조대에 널었다. 주인 아낙이 미안해하면서도 너무 좋아했다. 우리 일을 하는 것처럼 내가 일머리를 알아서 하니 손발이 맞아 수월하다고 했다. 일을 마무리 짓고 손을 씻는데 안주인이 내년에도 꼭 좀 도와 달라고 부탁했다. 서슴없이 그러겠다고 약속했다. 나 또한 보람 있는 자원봉사를 한 것 같아 뿌듯했고 도와주고 싶다는 생각을 했다. 단순노동이라도 요령을 알고 하면 능률이 배로 오를 수 있는 일이라 손놀림이 빠른 나로서도 일을 해도 재미가 있었다. 차가 시야에서 벗어날 때까지 손을 흔들며 배웅해 주던 모습이 오래도록 눈앞에서 어른거렸다.

 망각의 시대에 산다고 하지만 어떻게 그 약속을 어길 수가 있단 말인가. 보여주기식 자원봉사를 한 것은 아닌지 곰곰이 생각해 본다. 직장생활을 하다 보니 주말에만 틈을 낼 수 있다는 것은 핑계에 불과하다. 일손이 모자라 안절부절못하는 환경에서도 성실하게 살아가는 사람과의 약속을 우선적으로 실행해야 하는데 나에게 속물근성이 있는 것이 아닌지 부끄럽다.

 하지만 아직 기회는 있다. 말이 골인 지점에 도착하려면 아직 여유가 있는 것이다. 다음 주말에는 만사를 제쳐두고 곶감 깎기 자원봉사를 가리라 다짐한다. 설사 곶감 깎기 작업이 끝났을지라도 일거리는 얼마든지 있을 것이다. 농촌 일은 해도 해도 끝이 없다. 안주인이 하던 말이 귓가에 걸린다.

"손끝이 참 매시럽네요."

내가 평소 하던 일을 하는데 못할 일이 뭐가 있겠는가. 문제가 있다면 눈이 게으른 것이다. 우선 순위가 정해졌으니 실천하는 것은 마음 다짐이 아닌가 싶다.

무심한 주인

　빨래를 널려고 밖으로 나오니 알록달록한 개와 장난을 치며 놀고 있던 복슬이가 내게로 달려왔다. 그 폼이 무엇인가를 알리고 싶어하는 모습이었다. 얼룩이 개도 언뜻 보아 반가운 표정으로 복슬이 뒤를 따르더니 냅다 도망 갔다. 녀석은 내가 엎드려 돌을 줍는 것을 눈치챈 모양이다.

　얼룩이 녀석은 뒤를 힐긋힐긋 돌아보며 도망간다. 보통의 개는 쫓으면 일단 멀리 도망간 다음 안전한 거리가 확보되었다 싶으면 뒤를 돌아보고 관망한다. 녀석이 나를 약 올리는 것 같아 괘씸하다는 생각이 들었다. 도망가는 폼이 미워 나도 뒤쫓으며 돌멩이를 던지고 한껏 위협했다.

　터가 넓은 우리집은 이웃집 개들이 마실을 자주 온다. 그런데 개들은 채소를 뿌려 놓거나 나무를 심어둔 주위에서 놀기가 일

쏘였다. 엊저녁에도 남편은 개들이 나무를 파헤쳐 놓았다고 했다. 동백나무 밑에서 자라고 있는 어린 묘목을 옮겨 심었는데 한 사코 개가 그 주위에서 놀면서 나무를 헤집어 놓아 속상했다는 것이다. 아무리 짐승이지만 찬바람 등지고 심은 나무에 조심은커녕 함부로 대하니 화가 날 만도 했다.

아니나 다를까 개들이 놀던 곳에 어린 묘목들이 군데군데 뿌리를 드러내고 있었다. 흙을 북돋아 나무를 바로 세워 놓고 주위를 살피니 조금 전에 도망갔던 얼룩이가 누가 반기기나 한다는 듯 꼬리를 살래살래 흔들며 다가왔다. 낯선 개가 오면 처음부터 혼을 내주어야 다시 오지 않는다는 남편의 말이 생각나 돌멩이를 계속 던지면서 매몰차게 쫓았다. 그런데 이번에도 개는 뒤를 힐끔거리며 도망갔다.

점심을 먹으면서 못 보던 개가 와서 혼을 내주었다고 하니 남편은 우리 개라고 했다. 생뚱맞은 말을 이해할 수 없어 쳐다보니 서너 달 전에 우리가 남에게 주었던 강아지가 그렇게 컸다는 것이었다. 그때서야 곰곰이 생각해 보니 개 옷 빛깔이 눈에 익었다. 강아지 때 유독 한 마리만 색깔이 얼룩이라 눈 사랑을 받던 강아지였다.

세상에 이렇게 무심한 주인도 있단 말인가. 애지중지 키웠던 강아지를 쉽게 잊어버리다니 짐승이었기에 망정이지 사람이었다면 옛 식구도 몰라본다고 얼마나 원망을 했을까. "쫑, 쫑" 부르며

뒤꼍으로 가니 복슬이도 얼룩이도 꼬리를 살래살래 흔들었다. 얼룩이에게 "쫑아, 아까는 미안했다" 하지만 여전히 경계의 눈빛이다.

우리 집 근처에 식당이 한 군데 있었다. 대학가 주변이니 큰돈은 벌지 못하더라도 인건비는 나오지 않겠느냐며 자매가 힘을 합쳐 중화요릿집을 시작했다. 그런데 식구들의 입 건사하는 것 외에는 별로 이익이 없는데 온 가족이 다 매달린다며 식당 처분을 고심했다. 그러던 중 젊은 부부가 시장 조사도 세밀히 하지 않고 덜컥 계약부터 했다. 처음 며칠은 왁자지껄하게 학생들이 왔으나 날이 갈수록 매상이 줄어든다고 걱정을 하더라는 것이다. 그러면서 개라도 한 마리 있었으면 좋겠다고 했단다.

개들이 짖어대기에 나가 봤더니 남편은 개 줄을 들고 서 있고, 젊은 남자는 개집에서 두리번거리고 있었다. 남편이 강아지를 한 마리 주겠다고 했단다. 그렇게 해서 우리 식구에서 제외되었던 개였다. 먹이가 궁해지자 얼룩이가 옛집을 찾아왔다가 때마침 어미 개가 있어 어울려 놀다 나를 보고는 인사를 했건만 무조건 쫓기부터 했으니 이 얼마나 무심한 주인인가.

장사가 안 된다 해도 방학 전에는 배 곯는 일은 없었다. 그런데 방학이 되면서 손님도 없는데 개 먹이를 얼마나 챙겨 주었겠는가. 배고픈 것도 서러운데 한낮에도 땡볕에서 지내느라 기진맥진하던 참에 낡은 줄이 풀렸던 모양이다.

학생들이 개학을 하여 식당이 북적거리는 것으로 보아 좋은 먹이가 있을 텐데 얼룩이는 아예 우리 집에서 살았다. 사람은 상황에 따라 마음이 변하고, 잊기도 한다. 그러나 개는 한번 주인은 평생 주인이라는데 그를 미처 알아보지 못한 내게 얼마나 배신감이 들었을까. 그래도 외출에서 돌아오면 무심한 주인을 먼저 반겨준다.

  내게 사랑을 베푼 사람을 잊고 지내지는 않았는지. 주변을 돌아보게 해준 얼룩이에게 미안할 따름이다.

두 어미

　보금자리에 암탉이 알을 품고 있는 것이 보였다. 처음에는 한 마리가 자리를 지키고 있더니 어느 날부터 두 마리가 같은 자리에서 비비적거리고 나오지 않았다. 알을 낳기 위해 두 마리가 같은 보금자리에 들어간 줄 알았다. 그런데 며칠이 지나도 꼼짝도 하지 않았다. 먹이를 부리 바로 아래로 갖다주어도 먹지 않고 경쟁이라도 하듯 오로지 알 품기에만 전념 했다. 한 마리가 품을 때는 종종 내려와서 먹기도 했는데 두 마리가 있으니 서로 자리를 빼앗길세라 꼼짝도 하지 않았다

　우리집 닭들은 그야말로 자유를 만끽하며 산다. 먹이는 온 과수원을 돌아다니며 입맛대로 골라 먹고, 때로는 밭까지 침범해 곡식도 쪼아댄다. 그러다 해가 서산으로 기울면 감나무며 살구나무 가릴 것 없이 날아올라 잠자리를 잡는다. 닭집이 있지만

거들떠보지도 않고 나무 위에 앉아 유유자적 호기를 부린다. 짐승의 침입에 대비해서인지 이 나무 저 나무로 바꿔가며 그야말로 자유로운 영혼들이다.

자기 맘에 나름 안전하다고 생각되는 곳을 택했다. 그러다가 주인도 모르는 장소에 알을 낳아 병아리 떼를 앞세우고 입성을 할 때도 있었다.

드디어 어미닭 품에서 물체가 움직였다. 눈을 비비고 다시 봤다. 처음에는 노란색만 있는 줄 알았는데 검정색도 보였다. 눈을 떼지 못하고 바라보는데 '나도 여기 있는데!' 하는 듯 "삐악" 하며 점박이 병아리가 얼굴을 쏙 내민다. 어미가 부리를 추켜세우니 머리를 살며시 내밀고 출생 신고라도 하는 양 또 한 마리가 머리를 디밀고 좌우를 살핀다. 어미가 자리를 뜨지 않고 아직도 품고 있는 것으로 보아 앞으로 숫자가 더 늘어날 것이 분명하다.

연일 최고 기온이라며 낮에는 바깥출입을 자제하라고 마을에서도 방송을 한다. 섭씨 37도를 오르내리는 더위에 날마다 알을 품고 있었으니 얼마나 힘들었을까. 두 어미닭을 바라보니 측은한 마음이 든다.

짐승을 키우다 보면 정이 들고 생태도 파악한다. 짐승도 안전이 최우선인가 보다. 좋은 자리보다는 나름 안전하다고 생각되는 장소를 알자리로 정하고, 낳아 놓은 알도 모조리 꺼내오면 자리를 옮겨버린다. 그러기에 한두 개는 남겨 놔야 안심한다. 이번에 한자리에서 알을 품은 것은 같은 장소에 알을 낳았기 때문이다.

고추를 널고 가보니 보금자리가 휑하니 비어있다. 감나무 밑으로 가자 어미닭 주변에 병아리가 모여 있다. 세어보니 모두 여덟 마리다. 흡족한 표정이다.

크게 돌봐주지 않았어도 어미가 병아리를 깨서 데리고 나왔으니 나 또한 흐뭇하다. 사람들은 선풍기며 에어컨 바람으로 더위를 식히고, 하루에도 몇 번씩 샤워를 하는데 닭은 오로지 자연이 주는 그대로 더위를 이겨낸다. 그런데도 먹이를 걸러 가며 알만 품었으니 그 노고를 어찌 말로 다 하겠는가. 아기를 낳았으면 한여름에 고생했다고 산모한테 미역국을 줄 테지만, 어미닭한테는 먹이와 물 챙겨주는 것이 고작이다.

알에서 갓 깨어난 병아리가 종종거리며 어미 뒤를 따라간다. 마치 노란 공이 굴러가는 것처럼 보인다.

먹이도 거부한 채 눈만 말똥거리며 나란히 앉아 알을 품을 때처럼 병아리들을 거느리고 마당을 활보한다. 한 마리는 앞에서 다른 한 마리는 뒤에서 살피며 걷는다. 말만 못 할뿐 어미의 본능은 사람 못지않다. 언제 왔는지 장닭도 병아리 주위에서 서성댄다. 말하자면 아비인 셈이다. 식구가 늘어난 것을 축하라도 하는지 한껏 자태를 뽐내며 구르륵거린다. 더위에 수고했다는 듯

암탉을 향해 한 다리를 길게 뻗고 날개를 펴 비비대며 애정을 표시 한다.
 대가족인 우리집에 또 다른 식구가 늘었으니 이 또한 기쁘지 아니한가!

뒷모습

　불을 밝히니 녀석들이 구석에 웅크리고 있다. "잘 있었어" 하고 말을 건네니 수컷인 흰둥이는 가까이 다가오는데 암컷인 검둥이는 가만히 있다.

　먹이통을 꺼내 윤경이가 일러준 만큼 채우고 물통에는 절반쯤 물을 담아 제자리에 놓았다. 흰둥이가 금방 먹이를 아삭아삭 씹으며 먹는다. 그래도 검둥이는 여전히 요지부동이다. 흰둥이가 검둥이를 쳐다본다. 어서 와 먹으라는 신호를 보내는 것 같다. 그제서야 검둥이가 먹이통으로 다가가더니 흰둥이와 머리를 나란히 한다. 녀석은 먹이를 먹으면서도 나를 경계하는 눈빛이다.

　윤경이가 주말에 집에 가면서 토끼 먹이를 부탁했다. 아침먹이는 주고 금방 왔는데 저녁에는 그럴 수가 없다. 사람이 없는 방에 불을 켜 두자니 전력을 낭비하는 것 같고, 불을 끄자니 어두운 데서 어린 토끼들이 어떻게 먹나 걱정되어 갈 수가 없는 것이다.

검둥이가 연신 힐긋거리며 쳐다보는 것이 내가 있으니 마음이 놓이지 않는 모양이다. 소리 나지 않게 문을 닫고 나와 시간을 가름하려고 숫자를 센다. 10분쯤 지나고 들어가니 먹이와 물이 많이 줄어들었다. 흰둥이는 쉬지 않고 입 운동을 하는데 검둥이는 구석에 앉아 또 낯가림을 한다. 내가 가야 마음 놓고 먹을 모양이다. "어두워도 먹을 수 있지" 하며 불을 끄고 나왔다.

계단을 내려오는데 기관에 실습 갔을 때의 일이 생각났다. 그 할머니는 늘 허기져 했다. 금방 식사를 하고도 사방을 두리번거리며 먹을 것을 찾았다. 처음에는 그런 할머니를 이해하지 못했다. 그런데 같이 생활하는 할머니로부터 그분 이야기를 듣고 싸한 가슴을 움켜쥐었다.

젊은 나이에 사별을 한 할머니는 어린 3남매를 위해 허리띠를 졸라매고 공사판에서 막노동으로 생계를 꾸렸다. 그래도 남편이라는 방패막이 있었기에 그렇게 고단하지 않았다. 그런데 남편이 죽고부터 험한 말이 오가는 공사판에서 일을 하기가 여간 껄끄러운 것이 아니었다. 그렇다고 다른 일자리보다 일당이 많은 공사판의 일을 그만 둘 수도 없었다. 새참으로 빵과 우유가 나오면 아이들에게 주려고 소지품 가방에 넣었다. 비가 와서 공사판

일이 없는 날이면 아이들 교통비라도 벌려고 발을 동동거리며 일거리를 찾아다녔다.

아이들이 착해 헛돈은 쓰지 않았지만 한 사람의 입이 얼마나 무서운지 그분은 익히 알고 있었다. 그래서 결심을 했다. 부모 노릇 제대로 하지 못했으니 자식들에게 부담은 주지 말아야겠다는 것이다. 나이가 드니 공사판의 일도 힘에 부쳤다. 자식들이 직장생활을 한 후부터는 더 이상 힘든 일을 하지 못하게 했다. 생활비라며 두툼한 봉투를 손에 쥐여 주었다. 가끔은 용돈을 따로 챙겨 주고 옷도 사다 주었다. 하지만 할머니는 그런 자식들에게 손주가 어릴 때 기반을 잡아야한다고 강조했다.

젊어서부터 막노동을 하셨던 할머니는 자식들이 주는 용돈 대부분이 병원비로 나갔다. 자식들이 출가하고 혼자 생활하게 되자 평소 마음먹었던 것을 실행에 옮길 때라는 생각이 들었다. 할머니는 명절이라고 찾아온 자식들에게 당신의 소신을 이야기하고 시설을 찾았다.

할머니는 시설에 들어온 후에도 간식이 주어지면 잘 먹지 않았다. 한 달에 한 번씩 찾아오는 자식들에게 그것밖에 줄 것이 없기 때문이었다. 그러다 정작 자식들이 왔을 때는 상하고 부패해서 먹지 못하는 것이 대부분이었다. 그래도 할머니는 꼬박꼬박 간식을 당신의 서랍장에 넣어두고 밖으로 나갔다. 동료들이 다 먹을 시간이다 싶으면 들어왔다.

할머니는 사방을 두리번거리는 습관이 있다. 거리에 버려진 쓰레기에서 가재도구며 생활필수품도 주워서 썼던 할머니였으니 늘 주위를 살피는 습관 때문일 것이라 생각한다. 할머니는 지금도 길거리에 쓸만한 물건이 버려져 있으면 모아두었다 자식에게 준다.

검둥이가 나를 경계하는 눈빛에서 할머니를 떠올린 것은 무슨 연유일까? 자식들이 다녀간 뒤에 비닐봉지를 들고 쓰레기통으로 가던 할머니의 뒷모습이 생각났기 때문일까?

정부에서 지급하는 생활보조금을 꼬박꼬박 통장에 예금을 하는 할머니. 자식들 마음 편하게 등록금 한 번 주지 못했다며 손자에게라도 웃으며 등록금을 주고 싶다는 할머니의 순수한 바람을 누가 막을 수 있으랴.

새들의 항변

　우리 집 주변에는 새가 많이 산다. 과수원이라 집이 넓고 둥지를 틀기가 좋은 점도 있겠으나 먹이를 구하기 쉽기 때문인 것 같다. 그런데 요즈음은 새들의 움직임이나 울음이 예사롭지가 않다. 소리가 사납고 날갯짓도 공격적이다.
　사람들의 음식 문화가 다양해지고 고급화가 되니 날짐승의 식문화도 변하는 모양이다. 지난 4월 말 쯤 앵초꽃이 앙증맞게 피었다. 작고 여린 꽃잎 사이의 길다란 꽃대에 봉오리 맺으며 핀 꽃은 참으로 곱다. 내 마음을 온통 빼앗은 그 꽃은 지나는 행인까지도 걸음을 멈추고 아낌없는 찬사를 보냈다.
　그러던 어느 날부턴가 그 예쁜 꽃송이가 줄어드는 것이 눈에 띄었다. 아직도 꽃대를 올리니 꽃이 늘어나야 하는데 줄어드니 이상한 생각이 들었다. 분명한 것은 생명이 다해 진 것이 아니라는 사실이다. 꽃대 중간에서 뭉툭 잘려 여간 신경 쓰이는 것이 아니었다.

그러던 어느 날 외출에서 돌아오던 나는 그만 깜짝 놀라고 말았다. 휘둥그레진 내 눈과 마주친 새도 화들짝 놀란 표정이었다. 기가 막혀 벌어진 입을 다물지 못하고 있는데 녀석은 어디론가 숨어버렸다. 세상에 이럴 수도 있단 말인가. 꽃을 쪼아 먹다니. 새라고 예쁜 꽃에 움직이는 마음이 어찌 없으랴 싶어 원망은 하지 않았다.

한낮 더위가 느껴질 즈음 앵초꽃도 더 이상 피지 않았다. 새들의 놀이터가 되어주는 살구나무는 앵초꽃을 내려다보며 열심히 열매를 키워나갔다. 대문 곁에 있는 살구나무가 이중 색을 띠더니 은빛 구슬을 주렁주렁 매달았다. 새들은 온종일 그곳에서 살았다. 살을 꽉 채우더니 은구슬을 떨어뜨리기 시작했다. 씨를 빼고 한입에 쏙 들어가는 살구는 맛도 좋았다. 새들은 나무에 달린 열매를 먹고 우리 가족은 떨어진 것을 먹었다.

살구가 동이 날 무렵, 쓰레기 만두 파문으로 온 나라가 들끓었다. 먹거리를 가지고 농락을 하는 사람들 때문에 위기의식을 느꼈는지 더욱더 울어댔다. 만두 사건이 터진 이후 늦은 아침이면 어김없이 새들이 모여들어 정원의 나무 사이를 날아다니며 일제히 울어댔다. 날카로운 울음소리에는 사람을 향한 원망이 가득 담긴 듯 했다. 부도덕한 짓을 한 사람들을 향한 항변이고 먹이를 찾아 헤매는 날짐승의 울부짖음과 흡사하다. 마치 우리도 공해 없는 자연식을 좋아한다고 소리치는 것 같았다.

일일생활권이 되고 가만히 앉아서 전국 방방곡곡에 물건을 주문만 하면 배달이 되는 세상이다. 하루가 다르게 변하고 새로운 문명이 등장을 해도 먹고사는 것이 가장 힘들고 큰일 임에는 틀림이 없다. 일부 비양심적인 사람으로 인해 먹거리에 대한 불신이 커져만 갔다.

울다 지쳐 잠이 든 아이처럼 점심나절이 되면 울음소리가 점점 잦아들면서 새들은 자리를 옮겼다. 그들이 가고 나면 내 마음도 평정을 찾았다. 하지만 내일이면 다시 울어댈 새들을 생각하면 눈앞이 온통 먹구름뿐이다.

이런저런 궁리를 하다 벌떡 일어나 여분의 개밥그릇을 씻었다. 밥을 담아 살구나무 아래 앵초 옆에다 두었다. 앵초꽃과 살구한테 비할 바 없는 먹이다. 살구를 쪼아대듯이 개밥도 먹으면 좋으련만, 언젠가 빈 개밥그릇 주위를 맴돌던 새가 생각나 담아 놓은 것이다. 하지만 공염불로 끝나지 않을까 하는 조바심이 일었다. 보기에는 형편없는 먹이지만 배고파 울기만 하느니 허기를 채운다면 나쁠 것도 없다. 아이가 학교에서 오기를 기다리듯이 새를 기다리는데 초조하기 짝이 없었다. 어느덧 새들과는 더불어 사는 사이가 되어버린 모양이다. 새들은 이런 내 마음을 알까.

과수원 뒤 켠에 있는 자두나무가 궁금해졌다. 보랏빛으로 물들기 시작하면 새들의 울음소리가 달라질 텐데. 발걸음이 빨라진다.

새들에게 주문 한다.

'사람을 향한 원성을 거두고 개밥이라도 먹으면서 허기를 달래려므나. 자두가 익으면 몽땅 너희들에게 내어주마'

상처 보듬기

폭풍우가 밀려오는 것처럼 쫑이 달려왔다. 눈동자가 뒤집힌 개는 일순간 담벼락 밑을 사자처럼 무섭게 뛰더니 어디론가 쏜살같이 가 버렸다. 예사롭지 않은 상황에 섬뜩해졌다. 어릴 적 할머니께서 독이 든 먹이를 먹은 짐승은 발광 한다고 하셨는데 걱정이다.

남편이 따라가 보자고 하였다. 그러나 나는 마음을 비우자고 했다. 우리가 도움을 줄 수 있는 것이 없을뿐더러 상처만 깊어질 것이 뻔하기 때문이다. 남편과 큰아들은 심히 걱정스런 표정이다. 태연한 척 하지만 요동치는 마음은 나도 마찬가지였다.

일손이 잡히지 않아 서둘러 나무 심는 작업을 마쳤다. 마음이 불안할 때는 일을 해도 곧잘 다치기 때문이다. 연장을 정리하는데 허공에 떠 있는 기분이다. 오늘 따라 어스름이 빨리 들었다.

이번에는 아들이 개를 찾아보자고 했다. 어두워지는데 돌아다니다 나뭇가지에 눈이라도 쑤시면 어떡하느냐고 내일로 미루었다. 공연이 상처 난 마음에 덧을 내고 싶지 않았다.

한참이 지나도 남편이 집 안으로 들어오지 않았다. 아마도 혼자 개를 찾아 나선 모양이다. 아침저녁으로 먹이 주면서 쌓은 정이 남달랐던지 마음 접기가 쉽지 않은가 보다. 일하러 갈 채비를 할 때 마실 가는 것을 보았는데 일터에 도착도 하기 전에 미친 듯 날뛰는 개를 보고 어찌 쉽게 마음이 비워지겠는가.

개의 모습이 어른거려 밤새 잠을 설쳤다. 남편과 큰아들이 찾아보자고 했을 때 내일로 미룬 것도 마음에 각오를 하기 위해서였는데 미련을 다 버리지 못한 모양이다. 귀를 쫑긋 세우고 재롱을 부렸고, 추운 겨울에도 집에 사람이 없으면 현관문 앞을 떠나지 않고 지키는 모습이 생각나 눈시울이 젖는다. 어미 때부터 5대를 함께 하는 동안 때로는 친구 같고, 보호자 같아 짐승이지만 곁에 있으면 늘 든든했다. 그런 녀석을 이제는 다시 볼 수 없을 것이라 생각하니 천장 한 켠이 내려앉는 것 같았다.

이튿날, 아들이 받을 충격을 줄이려고 다시 한번 개가 처한 상황을 이야기하고 찾아서 묻어주자고 했다. 정이 각별했던 남편이 함께 가겠다고 했지만 아픔을 조금이라도 줄이고 싶어 굳이 만류하고 아들하고만 집을 나섰다. 근처 산을 헤매고 개울가 곳곳을 다녀도 찾을 수가 없었다. 짐승이 독이 있는 것을 먹으면

상처 보듬기 145

속이 타기 때문에 물을 먹고 싶어한다는 말이 생각났다. 쫑도 몹시 목이 말랐나 보다. 산 아래 비탈진 밭 언덕 넘어 개울이 있는데 그 언덕에 거꾸로 길게 뻗어 있었다. 짐작은 했지만 너무 허망했다.

한참을 멍하니 서 있다 양지바른 곳에 구덩이를 팠다. 흙을 파내는데 마음의 눈물이 쏟아졌다. 함께 했던 순간순간의 기억도 함께 묻고 돌아서는 심정은 착잡했다. 그런데 날이 갈수록 녀석이 뇌리에서 떠나지 않았다. 과수원을 둘러보다가도 따라오는 것 같아 뒤를 돌아보면 아무것도 없다. 황량한 바람만 일고 있었다. 멀리서도 집안에 낯선 사람이 오면 어김없이 짖어대던 소리가 그립기까지 했다. 그동안 녀석은 한 마리의 개가 아닌 우리 가족이었나 보다.

요즈음 부쩍 현이엄마가 생각난다. 넉넉하지 못한 형편에 아들만 셋인 그녀는 막내를 가슴에 묻었다. 병원 문 앞에도 가보지 못하고 아들을 잃은 그녀는 멍하니 먼 산을 바라보기 일쑤였다. 초등학교만 마치고 객지생활을 한 두 아들이 옛말하면서 살 수 있을 정도로 재산을 모았으나 사는 것이 여유로워질수록 가슴앓이가 더 심해진다고 했다. 반갑고 좋은 일이 있을 때면 먼저 간 아들 생각에 속울음부터 삼킨다는 것이다.

세월이 가도 잊혀지지 않는 것이 혈육 잃은 아픔이라고 한다. 건강하시던 친정아버지가 뇌출혈로 쓰러진 것도 오빠를 잃은 충격 때문이었다. 전에는 지난 일을 가슴 깊이 묻고 사는 현이엄마를 온전하게 이해하지 못했다. 그런데 아버지를 보면서 그녀의 아픔을 헤아릴 수 있었고, 쫑을 통해 통감했다.

 짐승 한 마리 죽은 것도 잊지 못하는데 하물며 자신의 분신인 자식 잃은 아픔을 어찌 털어 낼 수가 있겠는가. 막걸리 몇 병과 안주를 사 현이네로 향하는 발걸음이 가볍지만은 않았다.

새 주인 찾기

 복슬이가 곧 새끼를 낳는다. 새 식구 맞이할 준비를 했다. 거처할 곳을 정하는데 신경이 많이 쓰였다. 새끼를 낳으면 환경에 민감해지기 때문이었다. 조용하면서도 외부인과의 접촉이 뜸한 곳으로 자리 잡기가 쉽지 않았다. 이곳저곳을 기웃거리다가 몇 년 전에 치워 두었던 개집을 보수했다. 바닥을 두툼하게 깔고 밥그릇과 물그릇을 옮겨 복슬이가 자리를 익히도록 했다. 가끔씩 내다보면 개집은 비워 있지 않아 안심이 되었다.
 그런데 복슬이는 엉뚱한 곳, 집을 지을 때 쓰고 남은 목재와 합판을 쌓아 놓은 틈새에서 새끼를 낳았다. 황당했다. 비좁아서 사람이 들어 갈 수 없는 불편하기 짝이 없는 곳이다. 그래도 당분간은 그대로 두기로 했다. 불안해할까 봐 먼발치에서 몸짓만 바라볼 뿐이었다. 희고 거무튀튀한 새끼는 꿈틀거리는 모습이 건강해 보였다. 어미는 끼니때를 제외하고는 새끼들 곁에서 나오지 않았다. 가끔씩 끙끙거리는 소리에 놀라 달려가 보면 새끼들이 어미젖을 찾느라 뒤엉켜 있었다.

강아지들은 어미의 젖꼭지에 주렁주렁 달려있었다. 작은 발로 생명의 애착을 느꼈다. 어미는 새끼를 깔아뭉개지 않으려고 이리저리 뒤척였다. 금방 물에서 나온 개처럼 땀에 흠뻑 젖은 어미 모습이 너무나 안쓰러웠다. 잠시라도 밖으로 나와 바람을 쏘이면 시원할 텐데, 그런 복슬이의 모습에서 지난날의 나를 보았다.

나도 그랬다. 한더위에 첫째를 낳았다. 친정에서 산후조리를 했는데 선풍기 바람은 물론 시원한 물 한 모금 마실 수가 없었다. 땀이 비오듯 흐르는 데도 뜨거운 방에서 지냈다. 어머니가 삼베 적삼을 주면서 입으라고 했지만 까칠거려 입을 수가 없었다.

등이 따가웠다. 그러나 그때는 참을 만했다. 며칠 후 등을 바늘로 찌르는 것 같아 견딜 수가 없었다. 놀라서 어머니를 불러 등을 내밀었다. 어머니는 별것이 아니라고 했다. 바람이라도 쏘이면 수월할 것 같아 방마다 기웃거려도 선풍기가 보이지 않았다. 올케한테 연유를 물었더니 웃기만 할 뿐 말이 없었다. 여름이면 으레 있기 마련인 부채도 보이지 않았다. 식구들한테 덥지 않느냐고 물으면 견딜 만하다고 했다.

산후조리를 하는 나때문에 집안의 선풍기며 부채를 모조리 창고에 넣어 두었다는 것이다. 더워도 덥다는 말을 할 수가 없었다. 더위에 시달리는 가족에게 미안했다. 삼베 적삼을 슬며시 꺼내 입었더니 한결 시원했다.

 등에는 온통 땀띠가 돋았다. 샤워라도 하고 나면 개운할 것 같은데 말도 꺼낼 수 없었다. 이 모든 것이 나를 위한 것이라며 더워도 참아야 한다고 어머니는 강조했다. 갓난아기의 등에도 땀띠가 극성을 부렸다.

 친정에서의 지독한 조리는 둘째와 셋째를 낳고도 영향을 미쳤다. 누가 강요하지 않아도 스스로 그렇게 했다. 금방 먹고 돌아서 또 먹어도 맛이 있었던 미역국이 생각나 복슬이가 잘 먹는 라면을 끓였다. 미지근하게 식혀 국물과 함께 주니 그릇을 씻은 듯이 비운다. 복슬이 곁에 앉아 강아지를 넓은 집으로 옮기자고 하니 힐긋거리며 본다.

 개는 영악하다. 전에도 비좁은 곳에서 새끼를 낳아 자리를 옮겨준 적이 있다. 내 딴에는 생각고 했는데 어미는 강아지를 제자리로 물어다 날랐다. 이를 예방하려고 주문 외우듯이 자리를 옮기자고 주절거려 보았지만 아직 복슬이와 의사소통이 되지 않아 지금껏 옮기지 못하고 있다.

 복슬이의 출산은 우리 가족 모두의 즐거움이었다. 새끼들은 제법 자랐다. 복날이 되면 주위 사람들이 된장 말아먹자고 했었다. 개를 오래 키우면 속상한 일을 본다는 속설 때문인지 남편은 복슬이까지도 모두 팔아버리자고 했다. 나는 안된다고 했다.

  복슬이로 인해 부부싸움까지 했다. 그런데도 정을 끊을 수가 없다. 평소에는 순하지만 쥐도 잘 잡고, 낯선 사람은 무서워 집 안으로 들어오지 못할 정도로 사납게 집을 지킨 복슬이는 어느덧 우리 가족과 십 년을 함께 살았다.

  이제는 새끼들에게 새 주인을 찾아주어야 한다. 다른 집에 가서 또다시 새 식구가 될 복슬이 새끼들에게 진정 좋은 사람이 나타나기를 바라고 있다.

가족인데

 땅에 떨어져 있는 감을 주워 고양이를 향해 힘껏 던졌다. 석류나무 아래서 병아리에게 눈독을 들이던 녀석들이 놀라 사방으로 흩어졌다. 걸음아 나 살려라 도망가는 모습을 보니 조금 전까지 가졌던 괘씸했던 생각이 사라진다.
 모이를 주며 닭을 불렀다. 암탉이 먼저 오고, 수탉도 속속들이 모여든다. 뒤를 이어 어미닭을 선두로 병아리도 줄을 이었다. 어미 닭이 여러 마리고, 병아리 수가 많아도 꼭 제 어미 뒤를 따른다. 누가 가르쳐주지 않아도 질서 정연하다. 어미닭은 혼자 빨리 오는 법이 없다. 새끼가 따라오는지 봐 가면서 걸음을 옮긴다. 새치기나 빨리빨리를 모른다.
 모듬모듬으로 모이를 주워 먹는 병아리로 마당이 가득했다. 어미닭은 새끼 주변을 맴돌았다. 여러 배의 병아리가 한데 모여도 다툼이 없었다. 아기를 키우는 엄마처럼 지혜롭다. 모이가 있는 쪽으로 가면 병아리들도 따라서 움직였다. 네 것 내 것이라고 티격태격하지 않았다. 식탐을 부리는 것도 짐승의 세계는 없다.

먼저 모이를 쪼아댄 암닭이 자리를 옮겼다. 그제서야 어미닭은 마음 놓고 모이를 찾는데 먹을 것은 이내 동 나고 없다. 슬그머니 모이를 한 줌씩 놓아주었다. 고양이가 저만치서 이 광경을 부러운 눈으로 바라본다.

병아리들 동작이 둔하고 걸음도 느려진다. 짐승은 모이주머니가 차면 느슨해진다. 눈동자가 풀린 것을 눈치챈 고양이가 살금살금 다가선다. 돌을 집으려는 순간 어미닭이 날개를 세우고 달려가 고양이를 멀리 쫓아버린다. 한동안 병아리는 평화롭게 보낼 것이다.

병아리가 어미닭 등으로 올라간다. 재롱부리는 아기처럼 목을 쭉 빼더니 좌우로 머리를 움직인다. 그러다 어미 품속으로 쏙 들어간다. 멀리서 고양이가 또 노려본다. 주인의 사랑을 독차지해 부러운 눈치다. 자기들은 갖은 아양을 떨어도 본체만체하더니 부럽기도 하고 얄미운 모양이다. 그래도 하소연은커녕 늘 도둑고양이라는 별명을 달고 살아야 하니 억울할 것이다. 강아지 새끼만한 쥐를 잡고, 아무리 예쁜 짓을 해도 빈말이라도 칭찬 한 마디 들은 적이 없는데, 병아리들은 똥을 아무 데나 싸고, 나무 밑을 후비고 파도 주인의 입꼬리가 올라가니 차별하는 것이 분명 느껴지나 보다.

방학 때는 밥솥에 밥을 퍼서 한적한 곳에 두면 고양이가 먹곤 했다. 그런데 가끔씩 밤에 병아리를 해치우는 바람에 눈밖에 났다.

사람들이 도둑고양이 가까이 하지 말라고 할 때도 우리 집에 둥지를 틀고 사는데 못 본 체할 수 없어 종종 먹이를 챙겨 주었다. 남편이 대학교 기숙사에서 짬밥을 갖다 나무 밑에 그득그득 부어 놓아 냄새가 나도 고양이와 동거하려면 이런 불편쯤은 감수해야 한다고 생각했다. 어디 그뿐이랴. 짬밥에 미끄러져 옷이며 신발이 엉망이 되는 것은 다반사였고 허리까지 삐끗한 통에 조심성 없다고 남편과 입씨름도 했다. 언감생심 병아리를 넘보다니. 간이 몸 밖으로 나오지 않고서야 어찌 그럴 수 있단 말인가. 자기보다 강한 놈을 넘봤으면 측은한 마음이라도 있었을 텐데, 어미 품속이 갑갑해 잠시 바람 쐬러 나온 병아리를 낚아채다니. 그것도 야비하게 야심한 밤에만.

병아리와 어울려 놀다 오는데 어미 고양이가 새끼들과 함께 대문 곁에 웅크리고 앉아 있다. 평소와 달리 눈동자에 그림자가 어려 있다. 아뿔싸, 측은하기가 짝이 없다.

못난 아들도, 아픈 아들도, 심지어 죄를 지은 아들도 끌어안는 것이 모정인데, 아무리 도둑고양이지만 내 집에서 새끼까지 낳았으면 가족이 아니던가. 밉다는 이유로, 나 배 부르다고 고양이 먹이 걱정을 잊고 지냈다. 앞으로는 남편이 짬밥 갖다 나르는 것을 싫어하지 않으련다. 고양이도 살펴주어야겠다. 내 가족이니까.

5부
자연과 더불어

나도 한 송이 매화가 되고 싶다.
매화축제장을 찾은 사람한테 보는 즐거움과
은은한 향기를 줄 수 있는 매화이고 싶다.
누군가가 내게 눈길을 주면 격려와 희망을 주고 싶다.
인생은 살아볼 가치가 있는 것이라고 다독여 주고 싶다.
매화에 취해 두둥실 솟아오른 마음이 부풀어 오른다.

매향에 취하듯

 봄이 가장 먼저 첫발을 내딛는 곳, 빛고을 광양에 봄색이 완연하다. 꽃샘추위가 아무리 기승을 부려도 눈길 주는 곳마다 가득한 매향은 봄이 오는 것을 막을 수 없나 보다. 요즘에는 지역의 특색을 살린 축제가 많다. 우리 고장에도 산야에 핀 매화가 눈처럼 날려 축제 분위기를 한껏 띄운다.
 맑은 향기를 뿜는 매화는 홀로 추위를 이기고 메마른 가지에 꽃을 피웠다. 온갖 봄꽃들이 시새움하듯 다투어 피는 것을 피하느라 잎이 채 나오기도 전에 꽃망울을 터트려 더욱 눈길을 끄는지도 모른다. 사람마다 개성이 다르듯 꽃도 화려한 꽃이 있는가 하면 향기로운 꽃이 있고, 볼품없는 꽃도 있다. 매화 또한 예외가 아니다. 지금 광양은 푸른 기운이 섞인 청매화, 붉은 빛이 감도는 홍매화, 눈이 시리도록 새하얀 백매화가 어우러져 장관이다.

　남녘의 광양골이 시끌벅적하다. 해가 거듭될수록 전국 각지에서 모여든 상춘인파로 꽃 구경인지 사람 구경인지 분간이 안 될 지경이다. 형형색색의 차림으로 나들이를 즐기는 사람들의 표정은 매화봉오리처럼 화려하면서도 곱다. 사방에 흐드러지게 피어 있는 매화가 화난 표정을 그냥 둘 리가 없었을까. 때로는 자동차의 행렬이 짜증스럽기도 하지만 금방 환한 웃음을 짓고 만다.

　매화는 단순한 시각적 아름다움이나 향내를 즐기는 차원에서 벗어나 우리네 어머니들처럼 헤아릴 수 없는 사랑의 깊이를 느끼게 한다. 그런 분홍의 매화 꽃잎에서는 지칠 줄 모르고 쉼 없이 솟아나는 애정과 열정을 가슴에 쌓고 싶다. 또한 강인한 의지를 곧게 세우고 활기에 넘치는 기운도 전해 받아야 한다. 다섯 개의 매화 꽃잎에는 평화, 행운, 화해, 관용, 인내의 기운이 들어 있다.

　매화축제는 먹고 즐기기보다 보는 즐거움과 함께 느끼고 깨닫는 지혜를 주기도 한다. 강원도 산골에서 왔다는 어느 할머니는 매화처럼 곱게 늙고 싶어 해마다 꽃구경을 한다고 했다. 땅끝 해남에 사는 어느 지인은 경칩 무렵인 남편 기일이 지나고 나면 가슴앓이를 한단다. 그런데 꽃구경 오는 활기찬 사람들의 틈바구니에서 하루를 지내다 보면 기운이 난다고도 했다. 매화가 아름다운 것은 사람들이 인내하면서 삶의 끈을 이어가는 것을 배우기 때문인가 보다.

　세상에는 수많은 종류의 꽃이 있지만 단연 으뜸인 것은 매화라는 생각을 떨칠 수가 없다. 겨우내 움츠렸던 사람의 마음을 움직이게 하기 때문인가 보다. 어떻게 처신하고 행동하느냐에 따라 매화와 같은 색깔과 향기가 나기도 하고 역겨움을 풍기기도 한다.

　아무리 아름다운 꽃이라도 때와 장소에 어울리지 않으면 그 가치가 떨어지기 마련이다. 보석도 흔하면 그 가치를 모른다는데 아무리 보아도 싫증이 나지 않은 매화는 그래서 꽃 중의 꽃이 아닌가 싶다.

　나도 한 송이 매화가 되고 싶다. 축제장을 찾은 사람에게 즐거움과 은은한 향기를 주는 꽃이고 싶다. 누군가가 내게 눈길을 주면 격려와 희망도 주고 싶다. 인생은 살아볼 가치가 있는 것이라고 다독여 주고 싶다. 매화에 취해 두둥실 솟아오른 마음이 부풀어 오른다.

　누군가의 가슴을 훈훈하게 해줄 수 있는 꽃이 되고자 한다. 축제장으로 사람이 모여들듯 내가 피운 꽃으로도 사람이 모이는 향기나는 삶이 되기를 소망해 본다.

삶의 요리사

　여유 시간. 얼마나 기다리던 기회인가. 하루 온종일을 나만을 위해 쓸 수 있다니. 오늘 같은 기회가 주어지면 하고 싶은 일이 참 많았다. 그런데 정작 기회가 오니 무엇을 할 것인지 망설여진다. '하던 굿도 멍석 깔아주면 못한다.' 더니 나 같은 사람을 두고 한 말인 것 같다.
　가방에 있는 지인의 수필집을 꺼내들고 앉았다. 독서 삼매경에 빠질 요량이었다. 책과 함께 여행을 했다. 강릉 경포대를 두루 둘러보고, 포항 앞바다도 구경했다. 영덕대게 맛에 흠뻑 빠져 입맛을 다시고, 안동 찜닭 맛도 보았다. 그런데 아파트촌을 구경하다 말고 시들해졌다. 오만 생각이 고개를 내밀지만 이내 싫증이 났다. 그렇다고 꼭 하고 싶은 일을 할 여건이 되는 것도 아니었다. 다만 내게 시간만 주어졌다. 전에는 시간이 없어 못한 일들이 오늘은 여건이 발목을 붙잡았다.

  기웃거리던 생각이 사방을 들쑤시더니 풀이 죽었다. 아니 주제 파악을 한 것이다. 그렇다고 그대로 포기할 수는 없었다. 얼마나 학수고대 했던 시간인데 물거품으로 만든단 말인가. '이가 없으면 잇몸으로 산다.' 지 않던가. 내게는 두 팔이 있고, 보고 듣고 말도 할 수 있는 눈과 입도 있다. 뿐만 아니라 생각할 수 있는 머리가 있고, 품어 안을 수 있는 가슴도 있지 않은가. 열 손가락 꼼지락거리며 할 일은 또 얼마나 많은가. 기능을 잃은 것은 한쪽 발뿐이다. 그것도 완전히 잃은 것이 아니고 조금 불편할 따름이다. 그 작은 불편이 내 열정을 막지는 못할 것이다. 지금까지 나를 지켜준 것이 있다면 할 수 있다는 자신감과 하면 된다는 패기였다. 가진 것이 훨씬 많은데 쓸 수 없는 그 한 가지로 인해 기회를 흐지부지 보낼 수는 없었다.

  다시 책을 보는데 생각주머니도 동행 하겠단다. 읽다 만 지인의 수필집을 들었다. 진즉에 읽고 소감을 말해 주었어야 했는데 차일피일 미룬 것이 달포가 지났다. 마음을 정하고 나니 급해졌다.

  나비가 수선화에 앉아 있는 사진이 있다. 문득 어릴 적 나비와 놀았던 생각이 난다. 어디선가 나비가 날아왔다. 하얀 나비였다. 너울너울 춤을 추는 모습이 친구 희영이와 흡사했다. 나비가 앞장서서 내 봄나들이 길을 안내한다. 논둑을 걷다 제비꽃을 만났고, 양지뜸 밭자락에는 할미꽃도 있었다. 담장을 대신하여 개나리가 골목길을 지키며 오가는 이들에게 인사 했다. 컹컹 짖는 개소리에 놀라 걸음을 멈췄는데 바로 코 앞에 수선화가 군락을 이루고 있었다.

고개를 돌리니 나비가 훨훨 날았다. 행여 놓칠세라 부지런히 걸었다. 한참을 날더니 날개를 접고 동네 초입에 있는 나뭇가지에 앉았다. 잠시 쉬다 또다시 날개를 펼친다. 요즈음 보기 드문 자운영이 활짝 피어 벌들을 불러 모았다. 구경하다 그만 나비를 놓쳤다. 우왕좌왕한다. 내가 우리 아이들에게 해준 말이 생각났다.

큰아들이 여섯 살 때 시장에 데리고 갔는데 그만 잃어버렸다. 생선전에서 값을 치루는 사이 아이가 없어진 것이다. 무심코 걷다 내가 없는 것을 알고 아이가 겁에 질려 우니 콩나물 파는 할머니가 "그 자리에 가만히 서 있으면 엄마가 찾아온다."며 안심을 시키고 계셨다. 그날 이후 아이들에게 "만약 엄마를 잃어버리면 그 자리에 가만히 서 있으면 만난다."고 했다.

한참을 기다리니 나비가 날아왔다. 하얀 나비는 숨이 가빴다. 내가 길을 잃을까 걱정을 많이 한 모양이었다. 머리 위에서 두어 바퀴 돌더니 앞장서 날갯짓을 했다. 개울가 개밥나무에 살포시 날개를 접었다. 송사리 떼가 무리 지어 놀다 허겁지겁 걷는 내 발자국 소리에 놀랐는지 꼬리지느러미를 부지런히 움직였다. 본의 아니게 훼방꾼이 된 나는 집으로 갔다.

　내 오른쪽 발은 휴식 중이다. 건먹류라는 병명의 수술을 받고 봉대로 동여매 있다. 다리를 쭉 뻗고 앉아 지인이 보내준 수필집을 다시 읽었다. 내가 몰랐던 지인의 생활상을 알고 나니 가슴이 먹먹해졌다. 열다섯 살 때 어머니를 여의고 배고프다고 보채는 동생들을 돌보았던 지인의 아픔에 비하면 부끄러운 호사다.

　힘든 일이 닥칠 때마다 슬기롭게 극복하고 자수성가한 친구처럼 나도 삶의 요리사가 되고 싶다.

불빛에 본 그 색깔이

 부슬부슬 비가 내리는 날이었다. 현관문을 나서니 희뿌연 불빛이 내게로 쏟아진다. 진종일 내리던 비가 내심 싫던 참이었는데 가로등 불빛에 비치니 친근한 벗을 만난 기분이다. 양팔을 펴고 비를 맞는데 눈이 휘둥그래진다. 순간, "아" 외마디 소리와 함께 말문이 막힌다. 눈동자가 고정된다. 아니 눈을 뗄 수가 없다. 보면 볼수록 고운 색에 압도 되었다. 나리꽃이다.
 언니가 앞에 서 있는 것 같은 착각이 든다. 언니가 결혼하고 아버지 생신날 친정 나들이 할 때 입은 한복 색깔이다. 마당 가득 모인 사람은 언니의 모습을 보고 벌어진 입을 다물지 못했다. 혼기 찬 딸을 가진 아주머니들은 어디서 이렇게 고운 색깔을 골랐느냐고 물었다. 아버지의 초청으로 오신 동네 어르신들도 "참 곱다"를 반복했다. 언니가 입었던 한복이 내 눈동자를 고

정시킨 색깔과 같은 붉은 주황색이었다. 그때는 그저 예쁘다고 느꼈을 뿐인데 오늘은 내 마음을 온통 사로잡는다.

불빛에 휘날리듯 내리는 비와 나리꽃이 어우러져 나를 황홀경으로 이끈다. 내 직장인 어린이집을 드나들면서 하루에도 몇 번씩 보았던 꽃이 오늘은 내 마음을 녹아내리게 한다.

불빛에 보아서 그럴까? 분명 낮에 보았을 때보다 화려하다. 색깔이 더 선명하면서 진하다. 언젠가 친구가 무슨 색을 좋아하느냐고 물은 적이 있었다. 그때 망설임 없이 "붉은 주황색"이라고 대답했더니 친구가 그랬다. 밝은 주황색이 아니고 붉은 주황색이냐고. 그토록 좋아한 그 붉은 주황색을 좀처럼 보지 못했는데 비 내리는 불빛 속에서 보니 꿈만 같다.

수줍은 양 고개 숙이고 꽃잎을 말아 올린 주황색 바탕에 점점이 박힌 자주색 무늬의 나리꽃, 쭉 뻗은 꽃술은 마치 한 마리의 새가 날개를 펄럭이며 하늘로 날아갈 듯한 모습이다. 색깔에 반하고 모습에 취한다.

나리꽃은 진실, 순수, 순결 그리고 무죄와 평범이라는 소박한 꽃말을 지니고 있다. 요즈음은 개량종이 많아 꽃이 크고 색깔도 다양하다. 오늘 내 마음을 송두리째 독차지한 꽃도 개량종이다.

비 오는 것도 잊은 채 넋을 놓고 나리꽃을 내려다보고 있다. 얼마나 서 있었을까. 부르르 몸이 떨린다. 빗물이 머리에서 흘러내린다. 옷도 젖었다. 그런데도 발은 여전히 그 자리에서 떨어지지 않는다. 지금이 아니면 다시는 이 빛깔을 볼 수 없을 것만 같다.

　벌써 몇 년째 나리꽃이 그 자리에서 피고 졌는데 오늘에야 붉은 주황색을 보다니 무심하게 세월을 보냈나보다. 무심하게 살았다는 것은 보고 즐길 줄을 모름이 아니던가. 풍족해야만 여유가 있는 것도 아닌데, 무엇이 주변을 바라볼 여유도 없게 했을까?

　마음의 여유란, 스스로 느끼면서 다스릴 때 가질 수 있는 넉넉함이다. 욕심 부리지 않고 내 주변부터 살피면서 작은 것에도 만족할 때 생기는 것이 아니던가?

　오늘, 난 내가 좋아한 색에서 부족함을 알았다. 나리꽃에 그토록 마음을 빼앗긴 이유를 알았다. 고마운 나리꽃에게 마음속 말을 한다. 오늘 난 꽃궁전을 보았노라고. 내년에도 우리 어린이집을 꽃궁전으로 만들어 아이들의 여린 마음을 예쁜 감성으로 채워달라고 부탁도 한다. 꿈도 키울 수 있도록 해달라고.

　우리 어린이집은 철 따라 야생화며 꽃나무, 과일나무에서 꽃이 피어 오가는 이들의 발걸음도 멈추게 한다. 봄에 앙증맞게 핀 앵초를 보고 아이들이 "선생님 저것도 꽃이에요."하고 물은 적도 있다.

　꽃으로 아이들의 순수한 감성을 키워주고 싶었다. 그래서 산이나 들로 다니며 야생화를 캐다 심고, 시장에서 사다 심기도 했다. 취미가 제각각이듯 꽃을 보는 눈도 사람에 따라 다르다. 아이들이 무슨 생각이 있겠느냐는 이도 더러 있는데 야생화 양귀비가 바람에 흔들리는 모습을 보고 꽃이 춤을 춘다고 말한다.

좋아하는 것이 다르듯 느낌 또한 다르다. 물론 생각주머니도 차이가 있다. 그 다름을 인정해 주면 창의력이 생기고 역발상을 하기도 한다. 내 생각만 고집하는 것은 상대에 대한 배려가 아닌 자연에 역행하는 것과 다를 바 없다.

비를 맞으며 불빛에 비친 꽃을 넋을 잃은 듯 바라보는 내게 사람들은 무어라고 할까? 혼잣말을 하면서 심취한 모습은 반항자의 괴팍한 행동으로 치부할 수도 있다. 그러나 당사자인 나는 그 순간 너무 황홀하고 행복하다. 앞으로 언제 또 이런 호사를 누릴 수 있을지 모른다. 이 감정을 오래도록 내 안에 저장해 두고 싶다. 가끔씩 꺼내 보면 내 팍팍한 일상에 윤활유가 될 것이다. 상상만으로도 몸이 따스해진다.

참 행복하게도 감정을 많이 끌어들인 시간이었다. 앞으로도 종종 이런 날이 왔으면 더없이 좋겠다. 웃으며 잠자리에 들어 단꿈을 꿀 것만 같은, 너무 좋은 하루다.

단풍놀이

　산이 오색 옷을 입었다. 나는 한시도 눈을 떼지 않고 차창 밖의 화려한 풍경을 즐겼다. 올 가을은 산행이 잦았다. 주부명예기자들이 명승지로 산업 시찰을 다녀왔는데 자원봉사자들의 단합대회도 산행이었다. 그런데 또 산의 정취를 만끽할 수 있는 기회가 생겼다. 원우회에서 시설 방문을 한 다음 산행을 한다는 것이다.
　일주일이 멀다하고 산에 오르는 친구가 있다. 그녀는 "산은 요물"이라고 했다. 요즈음에야 나는 친구의 말에 동감 한다. 올라갈 때 보았던 산과 내려올 때의 느낌이 다르고, 가던 걸음 멈추고 돌아서서 보는 느낌 또한 다르니 친구의 표현이 제격이다.
　순창 강천사의 산행에서 산의 묘미를 만끽했다. 적당히 다져진 흙길도 인상 깊었지만 다른 산보다 나무 색깔이 선명했다. 거기다 병풍폭포의 무지개는 별천지에 온 느낌까지 들게 했다. 처음에는 믿어지지 않아 눈을 비벼가면서 보다가 사방에서 쏟아지는 탄성에 절로 고개를 끄덕이고 말았다. 계곡도 아닌 산의 정상에서 쏟아지는 물줄기는 가히 장관이었다. 폭포 주변의 물보라는 흥겨움과 짜릿함을 동시에 맛볼 수 있었다. 일주일 전에 갔을 때는 물줄기는커녕 폭포라는 느낌마저 없었다. 그런데 큰비가 오지도 않았는데 폭포라니, 더욱 희한한 것은 폭포의 정면에서 약간 좌측에 선 무지개였다. 비가 그쳤을 때 태양의 반대쪽 공중에 떠 있는 물방울에 햇빛이 굴절 반사된 현상 때문에 생겨 오래지 않아 사라지는 그런 무지개와 달랐다. 강천사를 갈 때에 보았던 무지개는 돌아오는 길에도 그대로였다. 폭포수와 햇빛이 있는 동안은 무지개도 그대로라고 했다.

산행을 하다보면 유독 시선을 끄는 나무가 있다. 그중에서도 홍단풍은 잎이 필 때부터 질 때까지 시선을 받는다. 봄 여름에는 혼자만 붉은 색을 띠고, 가을이 되면 더욱 붉어진 색깔로 화려함을 뽐내니 자연히 시선을 끌기 마련이다. 강천사 가는 길목에 많았다. 물이 흐르고 계곡의 고목 사이에 서 있는 바위와 조화를 이룬 홍단풍은 붉다 못해 핏빛이다.

홍단풍은 관광객의 카메라 등살에 몸살을 앓는다. 일행들이 홍단풍 나무 앞으로 모여들어 사진을 찍었다. 나도 원우들 사이에서 홍단풍 잎과 눈을 맞췄다. 사람들이 화려한 것을 좋아하는 것은 초라한 자신의 속내를 감추기 위함이라고 한다.

　사람이나 나무는 다 같이 나이를 먹는다. 그런데 사람은 시간이 가고, 나이가 들수록 초라해지는데, 나무는 그 반대다. 곱게 물든 잎으로 사람을 끌어들인다. 나무의 이런 지혜를 받아들여야 한다. 단풍놀이 가는 사람은 많은데, 부모님을 보러 가는 사람은 얼마나 될까? 부모님을 찾아뵈는 것은 당연한 일인데, 학식과 덕망을 고루 갖춘 이를 찾아뵙고 그분의 인품을 배우는 사람이 과연 얼마나 있을까? 남의 말 할 때가 아니다. 나부터 덕망있는 어른들 뵈는 것을 게을리하지 않아야 하는데 입으로 말은 쉽게 하면서 실천은 어렵다.

　인격을 지닌 인간이 왜 나무만도 못한 대접을 받는 것일까? 사람을 탓하자는 것이 아니다. 나무는 가진 것을 모두 버림으로써 다시 거듭난다. 누구든 마지막 가는 길은 빈손이다. 그래서 수의에 주머니가 없다고 한다. 그런데도 욕심을 버리지 않는다. 나이 들어 추해지는 것은 이 욕심 때문이 아닌가 싶다. 나 자신부터 겸허해져야 한다. 그리고 버릴 줄 아는 지혜를 나무한테서 배우리라.

　내 노년도 곱게 물든 단풍잎처럼 맞고 싶다.

　차장 밖의 풍경에서도 나무의 지혜를 배우는 혜안을 가진다면 얼마나 좋겠는가.

사랑 받으려면

 대중에게 사랑 받는다는 것은 어떤 의미일까? 사랑하는 방법은 각기 다르지만 어떤 사람이 사랑을 받으며, 또 어떻게 했을 때 받을 수 있을까? 결코 쉬운 일이 아닌 것 같다.
 나는 아둔하기가 짝이 없는 곰 같은 사람이다. 머리 회전은 굼벵이처럼 느리고 표현하는 것도 서툴다. 그렇다고 인상이 좋은 것도 아니다. 늘 무표정이다. 돌에 가깝다는 표현이 어울리는 사람이다. 돌은 단단한데 나는 단단하지도 않다. 바람이 불면 날아갈 것 같고, 누군가가 밀치면 맥없이 쓰러질 것만 같다. 이런 나를 늘 챙겨주면서 지극히 아껴주는 지인이 있다. 그 친구는 내가 신기하다고도 했다. 보기와 다르게 강단지고 면면을 살펴보면 마음이 끌리는 것이 그 이유라고 했다.
 오랜만에 친구들 모임에 갔다. 아직 봄인데 검게 그을린 내 얼굴을 보고 무엇을 했느냐고 물었다. 농사꾼이 봄에 게으르면 가을에 거둬들일 것이 없다고 했더니 그 몸매에 어떻게 일을 하는지 모르겠다며 측은하다는 표정을 짓는다. 곰도 한 가지 재주는 있는데, 구르는 재주도 없으니 일이라도 부지런히 한다고 했더니 곁에 있던 친구가 박장대소한다.

웃음이 잦아든 다음 왜 웃었느냐고 물었다. 글 쓰는 글쟁이가 한 가지 재주도 없다는 말에 웃음보가 터졌다고 했다. 이유인 즉 친구는 딸 부부가 여행을 가서 며칠 동안 손주 녀석을 돌보아 주었다고 한다. 손주가 글짓기 숙제를 도와달라고 했다는 것이다. 그 순간 목덜미가 뻣뻣해지면서 아무 생각도 떠오르지 않고 땀만 비 오듯 쏟았단다. 손주가 수건을 갖다주어 땀을 닦는데 내가 그렇게 부러울 수가 없었단다. 그런 내가 곰을 운운하니 웃음을 참을 수 없었다고 했다.

친구는 글쟁이인 내가 부러웠다는데, 나는 그 친구가 부럽다. 친구는 하나를 가지고 둘을 생각하고 그 주변의 여파까지도 미루어 짐작 한다. 뿐만 아니라 계산도 빠르다. 우리 지역의 땅값이며 아파트 시세를 꿰뚫고 있다. 물가에 대한 정보도 빠르다. 과일이나 기호 식품을 즐겨 먹을 만큼 여유롭지 못한 형편인데도 철 따라 과일값을 속속들이 알고 있다. 하도 신기해 그 비결을 물어보았다. 여유로운 미소를 가득 머금은 친구가 뜻밖의 대답을 했다. 물건은 돈이 있어야 살 수 있지만 값을 알아보는 것은 돈이 없어도 얼마든지 할 수 있다는 것이었다. 그래서 인터넷 사이트며 신문의 물가 동향 등에서 알아보는 것으로 대리 만족을 한다고 했다. 때로는 난전에서 푸성귀를 파는 시골 할머니에게 시세를 알려주면 애써 가꾼 것을 헐값으로 팔지 않도록 도와주었다며 칭찬과 함께 덤으로 찬거리를 주기도 했단다. 이런 것이 사랑받는 비결이 아닌가 싶다. 텃밭에서 가꾼 푸성귀가 제값을 받을 수 있도록 조언을 해주는 것, 무공해를 찾으면서 구멍이 송송 뚫린 채소를 외면하는 사람에게 윤기 반지르한 채소 값이 비싼 이유를 설명해 주는 것, 시장 가는 길에 만난 할머니의 무거운 짐을 끌차에 실어다주는 것, 시원한 물 한 잔으로 일하는 농부의 갈증을 풀어주는 것. 소소한 일들 같지만 나눔의 실천을 행동으로 옮겨 인색해져 가는 사회에 모닥불을 지피는 친구다. 상인들에게 몰매를 맞을 뻔한 일도 있었지만 사실을 알려주는 것을 주저하지 않았기에 할머니 팬이 많은 친구다. 사람답게 사는 것이 무엇인지, 진실이 왜곡되는 것을 바로 잡아주는 친구. 이런 사람이야말로 사랑받을 자격이 충분하지 않을까?

  어느 것 하나 내세울 것이 없으면 친구처럼 작은 것부터라도 하면 좋으련만 나는 그마저도 시원찮다. 그렇다고 그런 조건이 내게 아주 없는 것이 아니니 지금부터라도 노력한다면 기억 속에 남을 수 있지 않을까? 사랑은 공식이나 형체가 정해져 있는 것이 아니니 내가 어떻게 하느냐에 따라 달라진다.

희망은 주인이 없다고 한다. 가지는 사람의 몫이기 때문이다.
　사랑 받을 수 있는 조건은 어느 것 하나만 정답이라고 말하지 못하며, 오히려 모두가 사실이며, 정답이라고 해야 할지도 모른다. 즉 꿈은 한 가지로 볼 수 없는 아주 다양한 요소들의 복합체이며, 유기체이기 때문이다.
　지난 주 초등학교 동창 모임을 한 후 전화를 많이 받았다. 지금껏 고향에서 살고 있으니 그때 나누지 못했던 고향 소식을 묻고 또 물었다. 서울, 부산 등 전국 각지에 사는 친구들이 동창회에 참석 했다. 버스에 함께 타고 민속촌을 관람하고 동동주도 마시며 동네별로 모여 기념사진도 찍었다. 우리가 클 때는 상상조차 할 수 없었던 불고기와 육회도 도란도란 둘러앉아 먹었다. 그동안 소식이 궁금했던 친구와 대화를 나누고 소식을 주고받으며 얼굴에 갈매기가 날아다니고 몸은 퍼졌어도 마음만은 철 없던 그때로 돌아갔다.
　"이 가시네가.", "아이 머시마야." 하면서 고무줄 끊던 이야기며 말 타기 하던 동심이 사방에서 뜀박질을 했다. 친구들과 옛추억에 젖어 지난 날을 돌아봤다.
　동백산은 우리 고장에 있는 봄의 대명사 같은 곳이다. 아름드리 동백나무가 군락을 이루고, 넓은 잔디밭은 우리들의 놀이터로 충분했다. 근래에는 버스를 대절하여 소풍을 외지로 가지만 내가 학교에 다닐 때는 우리 학교뿐 아니라 인근에서도 봄소풍

사랑 받으려면　175

을 동백산으로 갔다. 초등학교와 중학교 9년의 추억이 서려 있는 동백산. 지금도 봄소풍 하면 동백산이 늘 생각 난다. 친구들이 닭싸움했던 동백산에는 그 옛날 우리가 봄소풍을 갔을 때처럼 동백꽃이 활짝 피어 있었다.

   가끔 휴양림에 가면서 언제 시간 내어 동백산도 들러보고 싶다는 생각을 했었다. 동창회를 하면서도 동백산 이야기가 꽃을 피웠는데 내 머리 한 부분에도 깊숙이 자리 잡고 있었던 모양이다.

   이 봄이 다 가기 전에, 동백꽃이 아직도 만발할 때 한번 다녀오고 싶다. 누가 더 예쁜 꽃을 주었는지 영자랑 순이랑 겨루어보던 추억의 장소가 아니던가. 근사하게 도시락을 준비하고, 무엇을 타고 갈 것인지 고민하지 않아도 되는 지척에 있는 산.

   삶의 흔적이 얼굴 곳곳에 남은 우리들처럼 동백산도 세월의 흔적이 있을까? 가까이 사는 친구들 몇이 연락하여 우리의 푸르디푸르렀던 동심의 추억 찾기 여행을 떠나는 생각에 밤이 깊어가는 줄도 모른다.

순심이가 웃는 이유

순심이가 웃었다. 우스워 견딜 수가 없다는 듯이 까르륵거리는 것이었다. 앞자리에 앉은 송이의 옆구리를 질벅거리며 머리를 책상에 대고 계속 웃었다. 그러면서 무어라 말을 하는데 도무지 알아들을 수가 없었다.

강의실 문이 열리더니 교수님이 들어오셨다. 그래도 순심이의 웃음은 멈추지 않았다. 궁금해 눈으로 사인을 보냈더니 여전히 알아들을 수 없는 소리로 혼자서만 소곤거렸다. 교수님도 계속 웃기만 하는 순심이의 속내가 궁금했는지 눈길을 자주 보냈다.

일단은 책을 펴고 강의에 귀를 기울였다. 그리고 촉각을 곤두세웠다. 뒤를 힐긋 쳐다보니 여전히 까르륵거리는데 연유를 모르겠다.

수업에 집중하려고 볼펜으로 허벅지를 꾹꾹 눌렀다. 처음에는 별 감각이 없더니 반복하여 눌러대니 아팠다. 귓전을 맴돌던 교수님의 강의소리가 그제야 제대로 들렸다.

　수업이 끝나자 웃음의 진위를 묻는 내게 순심이는 대뜸 "언니 말이 우스워서요." 하더니 또 웃음보를 터트렸다. 도대체 짐작할 수가 없어 그저 쳐다만 보고 있으니 "오염된다고 오지 말라고 했잖아요." 라고 했다.

　세상에 그 말이 그리도 우습단 말인가. 그것은 분명 세상을 보는 순심이와 내 생각의 차이일 것이다. 선교원을 운영하는 순심이는 사물을 관찰하는 눈망울이 예리했다. 그러면서도 동심의 세계에서 살아서 그런지 그렇게 순수할 수가 없었다.

　강의실에서 나들이에 대한 이야기를 하던 도중 "언니, 광양에 가 볼만한 곳이 어디예요."하고 물었다. 그저 주말에 바람이나 쐬러 가려나 싶어 이곳 저곳을 알려주었다. 그런데 나의 짐작은 영 엉뚱했다. 원아들을 데리고 간다는 것이다.

　그때 불현듯 동천[*]이 내 뇌리를 스쳤다. 곳곳에 아무렇게나 흩어진 쓰레기와 휴지가 나뒹굴었다. 깨진 병 조각 앞으로 어린 아이가 걸어가는 모습이 떠올라 나는 "정말 좋은 곳이 있는데 안 가르쳐 줄 거야." 했다. 새침떼기처럼 앉아 있는 내게 순심이는 거기가 어디냐고 채근을 했다. 그래도 묵묵부답 했더니 답답

---

[*] 광양에 있는 천. 백운산 동곡계곡의 물이 모여 바다로 흘러가는 길목에 있다. 둑에 다양한 백일홍이 피어 있다.

했는지 가르쳐주지 않는 이유가 무엇이냐고 물었다. 그래서 그랬다. 우리 고장이 오염된다고.

우리 고장은 예로부터 물 맑고 공기 좋기로 이름난 고장이다. 그런데 이제는 그렇지가 않다. 계곡 곳곳에 쓰레기가 나뒹굴고, 냇물은 오염돼서 더이상 은어며 송사리 떼가 놀지 않게 되었다. 한여름 더위를 식히러 와서 삶의 활력을 얻어 가는 것은 좋은데 음식물 찌꺼기며 쓰레기는 왜 되가져 갈 줄을 모르는지. 시골도 나름대로의 문화가 있는데 도회지에만 문화가 있는 줄 아는 모양이다. 도회지의 얌체꾼들이야 있는 것 없는 것 다 버리고 가서 다음에는 다른 곳으로 가면 그만이라고 생각할지도 모르지만 뿌리내리고 사는 주민들은 어쩌란 말인가.

순심이가 그랬다. "언니, 우리 아이들은 쓰레기는 다시 가지고 가요." 그런데도 내가 선뜻 알려주지 않았던 것은 순심이의 말을 믿지 못해서가 아니라 몇 년 전에 보았던 일 때문이다.

유아원 아이들이 소풍 나온 장소와 가까운 곳에서 모임이 있었다. 한정된 공간에서 벗어난 아이들이 어떻게나 재미있게 놀던지 우리 일행은 한동안 아이들 노는 모습을 지켜보았다. 모임이 끝나고 주변을 정리하는데 기분이 엉망이 되어버렸다. 아이들이 놀았던 장소는 분명 깨끗했다. 그런데 주변 어느 한 곳에 쓰레기가 쌓여 있었다. 그 속에는 아이들이 먹다버린 과일이며 상표도 뜯지 않은 과자 봉지도 있었다. 자기들이 놀았던 장소만 깨끗하면 후미진 곳은 쓰레기를 쌓아두어도 되는 줄 아는 모양이었다.

순심이는 오염된다고 가르쳐 주지 않는다는 내 말이 그렇게도 우습더라고 했다. 하기야, 순수하게 살아온 사람이 각박한 세상 인심을 어찌 다 알겠는가. 순심이가 아무리 웃고 또 웃어도 우리 고장을 쓰레기 천지로 만들고 싶지가 않다.

6부
바람을 가슴에 안고

몽글게 타들어가는 불꽃처럼 실천으로
내 꿈도 여울져 가도록 오늘도 내일도 뚜벅뚜벅 걸어가련다.
내가 할 수 있는 일이라면 주저하지 않을 것이다.
작은 노력이 모이고 모여 결실을 맺고 그 결실이 더 견고하도록
다듬질을 이어갈 때 꿈이 현실로 이어지리라 본다.

봄날의 꿈

　태권도장에 다녀온 도민이의 얼굴에 피곤한 기색이 역력하다. 아니나 다를까 종이접기를 하는 아이들 곁에서 꾸벅거린다. 이불 위에 눕히니 곧바로 잠이 든다.
　곤히 잠든 아이 얼굴을 보고 있자니 상상의 나래가 펼쳐진다. 여기가 어디쯤일까, 아이들이 공차기를 하는 것 같더니 이내 다른 모습도 보인다. 자전거를 타고 노는 사람, 친구들과 둘러앉아 이야기를 나누는 사람, 가족끼리 산책을 나온 사람들도 보인다. 인라인스케이트를 신나게 타는가 하면 한눈 팔지 않고 어디론가 걸음을 재촉하는 사람도 있다. 걷기로 체력을 단련시키기도 하고 요가를 하며 몸의 균형을 잡기도 한다. 노부부가 벤치에 앉아 정답게 도란거리는 모습을 산책 나온 사람들이 바라본다.
　다른 곳으로 자리를 옮기니 호수가 있다. 호수에는 갖가지 수

생식물이 형형색색의 꽃을 피우고 있다. 감탄사가 저절로 나온다. 사람들이 삼삼오오 짝을 지어 구경 하고 벌과 나비도 분주히 오간다. 까르륵거리며 웃는 아이들의 웃음소리만큼이나 나비의 날갯짓도 활기차다. 시간 가는 줄 모르고 꽃구경을 하다 서둘러 자리를 옮긴다.

우뚝 솟은 산맥을 뒤에 두고 평야가 펼쳐진다. 농부들의 땀방울이 맺혀있는 들녘에는 건장한 청년이 무리지어 있다. 각자의 일에 전념하는 믿음직한 모습에서 우리나라의 미래를 보는 듯하다. 눈이 부시다. 빽빽이 들어선 시설하우스가 도시의 아파트촌 같다. 갖가지 신선한 과일과 채소를 계절에 상관없이 먹을 수 있는 것도 저 시설 하우스 덕분이 아닐까 싶다.

고개를 돌리니 우뚝한 산맥에 두 개의 굴이 있다. 한쪽 굴에서는 자동차들이 줄지어 나오고, 다른 굴 속으로는 꼬리를 물고 들어간다. 기자재나 농산물을 실은 화물차들이 바삐 움직인다. 관광버스도 달리고, 승용차도 들고 난다. 유치원생들이 현장 학습을 다녀오는지 관광버스 안에서 고사리손을 흔든다.

조그만 체구에 연약한 계집아이는 시골에서 자란 터라 형제들과 어울려 노는 것이 놀이문화의 전부였고, 초등학교 입학하기 전에 차를 타 본 기억도 없다. 그런데 요즘 아이들은 유치원 시절부터 야외 활동을 다닌다.

내가 어디를 여행하는 것일까. 지금은 젊은이들이 즐기는 문

봄날의 꿈

화를 함께 즐기며 공유한다. 나이는 숫자에 불과한 것이라지만 어떻게 자기관리를 하느냐에 따라 즐기는 문화가 달라지는 것 아닐까.

자리를 옮긴다. 아마도 여기는 전문가가 모여 있는 집단인가 보다. 부지런히 컴퓨터 자판을 두드리는 무리가 있는가 하면 가위손으로 머리를 자르기도 한다. 문이 열리더니 얼굴이 뽀얀 사람이 나와 들어가 보니 정성들여 얼굴 맛사지를 한다. 평생직장 개념이 없어진 지 오래 되었다고 하더니 전문직 시대라는 말이 실감 난다. 처음 보는 생소한 간판이 눈에 띤다. 제 몸보다 덩치가 큰 기계 앞에 제대로 몸도 가누지 못하는 아이가 앉아 신나게 자판을 두드린다. 아이들과 잘 어울리려면 그 문화를 즐길 줄 알아야 할 것 같다.

도민이가 기지개를 켜며 일어난다. 푹 잤는지 기분이 좋아보인다. 아이의 얼굴로 보는 세상 구경을 오늘은 이것으로 마쳐야 할 것 같다. 주위를 두리번거리더니 친구들과 함께 색종이 접기를 한다. 책상 위에 여러 가지 작품이 모인다. 날아갈 듯이 학이 앉아 있는가 하면 금방 활주로에 들어온 듯한 비행기도 있다. 책상 위에서 노는 물고기는 언제라도 물 속으로 뛰어들 것 같다. 아이들의 손에서 꽃송이가 피어나고 옷도 만들어진다. 마술사 같다. 이 손으로 우리의 미래를 보다 활기차고 정이 넘치는 사회로 만들기를 소망한다. 아이들이 마음 놓고 뛰어놀며 미래의 에너지를 쌓아갈 수 있도록 보다 쾌적한 공간을 만들어 주는 것이 내 꿈이다. 도민이의 다부진 모습이 오늘따라 더 믿음직하다.

꿈은 이루어진다는데

 잠자리에 들기 전에 외우는 주문이 있다. '꿈은 이루어진다'를 읊조리고 또 읊조려본다. 그리고 잠자리에 들었지만 청하는 잠은 오지 않고 정신이 더 말똥말똥해진다. 더이상 누워 있지 못하고 벌떡 일어나 앉았다.
 눈을 감고 앉아 있는데 어렴풋이 임임택 님의 기타 소리가 들려오는 것 같더니 마음이 차분해진다. 기타 소리는 이내 신명이 난다. 소년처럼 보이는 그가 쏟아낸 말이 생각난다. 태어나서 100일 되던 날부터 병원 생활을 한 그는 아홉 살 되던 해부터는 가난해서 치료를 더이상 받을 수 없었다. 열두 살 때 오른쪽 눈이 실명이 되었다. 스물한 살 때는 나머지 한 눈마저 잃었지만 좌절하지 않았다. 세계 최고의 기타리스트가 되겠다는 꿈이 있었기 때문이다.

그는 "기회를 기다리면 아마추어 인생이고 기회를 만들면 프로 인생"이라 했다. 그가 한 말이 내 가슴에 파문을 일으키고 또 일으킨다.

그는 8년 동안 2,200여곡을 외웠다고 한다. 보이지 않는 눈으로 악보를 외운다는 것은 끊임없는 인내와 노력이 있었기 때문일 것이다. 컴퓨터를 배워 악보를 외우는데 활용한 것은 목표가 있었기에 가능했을 것이다.

"1%의 변화는 100%의 성공을 만든다"는 그의 말이 징소리같이 울려온다. 그 여운이 지난날의 내 모습을 소환한다.

남들은 내게 열심히 산다고 하지만 이제껏 살아온 삶이 부끄러워진다. 입으로는 떠들면서 실천할 줄을 몰랐으며, 핑계만 대고 남의 탓이라고 여기기도 했다. 내 의지가 약한 것은 감추고 환경을 원망했다. 운이 안 좋다고도 했다. 참으로 미련한 변명만 늘어놨다. 어리석다는 것을 깨닫기는커녕 탓만 했으니 같이 출발 해도 늘 뒤처지기 마련이었던 것이다.

하고 싶은 일이 무엇인지 곰곰이 생각해 본다. 내 것을 포기할 때 남을 도울 수 있다고 한다. 가슴에 품고 있는 욕심을 내동댕이치고 손에 쥔 것도 놓아야 한다. 그런데 생각처럼 쉽지가 않았다.

불가능을 극복한 도전 리더 임임택 님의 기타 소리가 감미로우면서도 우렁차게 들린 것은 아직도 내 가슴에 열정이 남아 있기 때문일까?

　새벽에 일어나 관절염으로 굳어진 손을 따뜻한 물에 한 시간 이상 담그고 주물러서 기타를 친다는 그분. 그 열정을 부러워하지만 말고 작은 것이라도 실천하면서 사랑을 나누리라 다짐 해 본다. 청년인 줄 알았던 그분이 오십이 훨씬 넘었다는 말에 놀라지 않을 수 없었다. 긍정적으로 살아서인가 보다.

　이제부터는 긍정적인 생각을 가지려고 한다. 꿈을 이루기 위해, 젊게 살기 위해 말이다. 건강한 육신으로 무엇인들 못할까. 지금껏 안일하게만 살았으니 지난날들이 초라하게 느껴지는 것은 당연한 일이겠지.

　지금도 늦지 않았다고 생각한다. 실천이 문제이고 부단한 의지가 있으면 복지 시설을 설립하겠다는 내 꿈은 이루어지리라. 희망 사항이 아니라 현실로 나타나기 위해서 열정을 불태울 것이다. 쉽게 타는 불꽃도 있고 더디게 타는 불꽃도 있다. 몽글게 타들어가는 불꽃처럼 실천으로 나의 꿈도 여울져 갈 수 있도록 오늘도 내일도 뚜벅뚜벅 걸어가련다. 내가 할 수 있는 일이라면 주저하지 않을 것이다. 작은 노력이 모이고 모여 결실을 맺고 그 결실이 더 견고하도록 다듬질을 이어갈 때 꿈이 현실로 이어지리라 본다.

　지금은 내일을 위해 휴식이 필요한 시간이다. 간절히 원하면 이루어진다는 말을 가슴에 안고 다시 잠을 청해 본다.

갈 수 없는 곳

 더위 때문에 숨이 막힐 지경이다. 눈앞에는 일거리가 산처럼 쌓여 있는데 손가락 하나 움직일 기운이 없다. 이런 날은 쉬는 게 상책이다. 자칫 욕심을 부리다가 더위라도 먹으면 고생을 자초하기 때문이다.
 더위가 기승을 부리는 날이면 불현듯 가고 싶은 곳이 있다. 아름드리 편백나무가 무리 지어 하늘을 덮고 있는 그곳은 교통이 불편하다. 그래서인지 사람들의 발길은 뜸하지만 그냥 지나칠 수 없는 곳이기도 하다. 문명의 힘으로 내는 바람과는 비교도 할 수 없는 서늘한 기운이 발목을 붙잡는다. 어디 그뿐이랴. 매미 노랫소리와 계곡 물 흐르는 소리가 어우러져 야외 음악당에 온 것 같은 느낌이 든다. 공해며 소음이 있을 리 없고 원시림이 온갖 풀들과 함께 파란 하늘을 이고 있다.

그러나 이제는 내 마음을 접어야 할 것 같다. 섣불리 갔다가는 감정을 다스리지 못할 것이 뻔하기 때문이다. 그렇지 않아도 번번이 속울음을 삼키는데 어찌 그곳을 갈 수가 있겠는가. 그곳을 떠올리면 오빠가 생각나고, 오빠를 생각하면 그곳이 떠오른다. 하지만 이제는 영영 오빠와 함께 할 수가 없으니 그곳에 서린 추억이 가슴을 저미어 온다.

초등학교도 입학하기 전이었다, 소먹이로 가는 오빠를 몰래 따라나섰다. 산굽이 몇 개를 돌고 나니 다리가 아파 더이상 걸을 수가 없었다. 오빠한테 들킬까 봐 조심스레 따라가던 나는 그만 두 다리를 뻗고 엉엉 소리 내어 울었다. 두 살 위의 오빠는 나를 업고 일행들과 함께 가려고 앞만 보고 걷다 그만 돌부리에 걸려 넘어지고 말았다. 무릎이 깨진 오빠는 입술을 꾹 다물고 안절부절 못했다. 나는 마치 내가 다치기라도 한 것처럼 호들갑을 떨었다. 함께 가던 사촌오빠가 나를 업겠다고 해도 오빠는 작은 등을 들이밀며 업히라고 했다. 그치지 않고 칭얼대는 내게 조금만 있으면 아프지 않을 것이라며 달래던 오빠의 음성이 귓전을 맴도는데 이제는 만날 수가 없으니 텅 빈 마음뿐이다.

나는 참 여러 가지로 오빠를 힘들게 했다. 고삐를 둘둘 말아 소의 목덜미에 끼어두면 소는 저 홀로 무리지어 다니면서 풀을 뜯어먹었다. 그런데 생각이 짧았던 나는 소를 따라다니지 않으면 잃어버릴 줄로만 알고 오빠를 졸라댔다. 바람에 날려간 머리띠를 찾아내라고 떼를 썼고, 오빠 몫의 감자도 내가 먹어야 한다고 억지를 부렸다.

　오빠는 친구인 형기오빠한테 나를 데리고 놀라고 하고 어디론가 가더니 한참 후에 왔다. 그리고는 호주머니에서 산딸기를 하나씩 꺼내주었다. 분명 내 옆에서 오른손으로 딸기를 주었는데 왼손이 딸기색이었다. 다리에 흐르는 피를 닦아가면서 산딸기를 하나씩 주었던 것이다. 가시덤불 속에서 따온 딸기라는 것을 안 것은, 그런 산딸기가 몇 번이나 익었다 떨어진 후였다. 오빠가 잡아 준 미꾸라지를 고무신에 담아 숨을 쉬는지 지켜보다 소나기가 온 줄도 모르고 잠이 들었다. 그곳에서, 살금살금 돌멩이를 떠들고 가재를 잡고, 채 여물도 들지 않은 잣을 구워먹기도 했다. 오십여 년 전의 일이 오늘따라 어제의 일인 듯 생생한 것은 오빠가 그립다 보니 세월도 저만큼 비켜선 것일까?

　몇해 전 여름, 몹시 무더운 날 연락도 없이 오빠가 왔다. 선풍기를 쐬는데 오빠가 더위 잊는 비결을 가르쳐주겠다고 했다. 아무리 더운 날이라도 편백나무 그늘을 떠올리면 찬바람이 불어오는 것 같다고 했다. 그날 우리 남매는 그곳에 갔다. 세월의 흔적을 가득 지닌 우리와는 달리 그곳은 예전의 모습 그대로였다.

　오빠가 말했다. 옛날, 어린 내가 따라다니며 성가시게 해도 왠지 밉지가 않았다고. 가슴이 뭉클했다. 그런데 이제는 그 다감하기 이를 데 없는 오빠를 영영 만날 수가 없으니 내 마음에서 소낙비가 내린다.

  형제들 중에 작은오빠와 나는 유독 정이 두터웠다. 장래성 있는 직장을 그만두고 사업을 한 오빠가 어려운 처지에 놓일 때면 가만히 있을 수가 없었다. 오빠의 음성만 들어도 짐작이 되곤 했다. 도움을 주면서도 한편으로는 원망도 했다. 그러나 지금은 성가시게 해도 좋으니 곁에 있었으면 좋겠다는 회한만 남는다. 좀더 잘해 주지 못한 안타까움이 내 가슴을 사정없이 후려친다. 우리의 추억이 서려 있는 그곳을 가지 못하는 것도 어쩌면 진정으로 도와주지 못한 죄책감 때문인지도 모른다. 내 마음을 전할 곳이 없다.

  이 세상 소풍 끝나는 날 오빠와 만나 못다 한 이야기를 밤새 나눠보리라.

떠나는 아쉬움

 겨울이 머뭇거린다. 가기 싫어서 그럴까? 아니면 쉬 가지 못하는 이유라도 있는 것일까? 궁색해 보이지만 굳이 이유가 있다면 떠나는 아쉬움이 아닐까 싶다. 본의 아니게 겨울은 사람들에게 불편함을 많이 주었다. 이제 그 불편에서 헤어나고, 꽃피는 춘삼월이 온다고 사람들이 들떠 있으니 왜 아니 떠나는 아쉬움이 없겠는가. 그렇다고 한정 없이 머뭇거릴 수 없기에 서운한 나머지 새 봄이 시샘을 하는지도 모른다.
 기회는 언제나 있는 것이 아니다. 그러기에 결단력이 있어야 한다. 적기에 선택도 잘 해야 한다. 그렇지 않으면 구설수에 오를 수 있고, 때아닌 폭풍에 휘말릴 수도 있다. 떠나지 못하는 그를 두고 사람들이 입방아를 찧는다. 미련 곰탱이라느니, 주제 파악도 못한다느니 별의별 말이 꼬리를 문다. 그래도 떠나기 아쉬운 탓에 입을 꼭 다물고 사람들의 수근거림을 못 들은 척 한다. 그런데 게으름뱅이라는 말에는 부아가 치민다. 한시도 나태한 적이 없었는데 가당치도 않다. 원래 성격이 그런 것을 어쩌란 말인가. 사람들에게 외면당하는 것이 싫어 되도록이면 본심을 감추려고 안간힘을 쓰느라 늘 고단했을 뿐이다.

화를 삭이지 못하고 씩씩대니 성깔을 부린다고 한다. 자기들은 할 말을 다 하면서 내 표정을 제멋대로 지껄여댄다. 없는 말을 끌어다 붙이고, 엿가락처럼 늘이기도 한다. 그저 입 꼭 다물고 있으라는 것이다. 말로는 평등을 운운하면서 그 평등이 자기들한테만 있는 것으로 착각을 한다. 그렇지 않으면 어떻게 차별을 대놓고 한단 말인가.

세상이 참 불공평하다. 아직도 내 몫이 남아있는데 가지 않는다고 아우성이니 말이다. 나도 염치라는 것을 안다. '달면 삼키고 쓰면 뱉는다.'는 우리 속담이 왜 생겨났는지 알 것도 같다. 나는 나일뿐 성인군자가 아니다. 아무리 대중의 사랑을 받지 못해도 내 몫을 포기하기가 쉽지 않다. 극소수이긴 해도 내 부실한 점을 오히려 즐기는 사람들이 있기 때문이다. 얼마나 고마운 사람들인가. 그래서 내 몫을 포기할 수 없다. 약점이 매력이라는 사람들을 실망시킬 수 없어서. 오히려 해가 거듭될수록 나를 찾는 사람이 늘어나는 것에 위안을 얻는다.

전에는 맨몸으로도 얼마든지 즐겼다. 꽁꽁 얼어붙은 냇물에서 추운 줄도 모르고 썰매를 타고, 팽이를 치고 연도 날렸다. 아무리 초보자라도 비료 푸대를 엉덩이에 깔고 썰매를 탈 때는 언덕배기를 올라가기가 힘은 들었어도 걷다 넘어지지는 않았다. 그런데 지금은 스키장이나 아이스링크장에서 칼날이 선 신발을 신고 쭈뼛쭈뼛 걷다 넘어지기 일쑤고 허리라도 삐끗하는 날에는 병원 신세도 져야 한다. 그래서 그럴까? 혹자는 즐기고 싶어도 마음뿐이라고 한다. 그런 사람들에게 나는 마음의 여유를 가지라고 조언해 주고 싶다.

옥에도 티가 있는가 하면 티에도 옥이 있다. 옥이든 티든 간에 옥석을 가릴 줄 알아야 한다. 아무리 옥이라도 그 가치를 모르면 무슨 소용이며, 티라도 요긴하게 쓰면 그것이 보배가 아니겠는가.

겨울의 끝자락, 오는 봄이 설레어서 겨울이 가지 않는다고 다 그치기보다 쉬 가지 못하는 겨울에게 아쉬움을 가져봄은 어떨까? 고무신을 신고도 신나게 썰매를 탔던 유년의 추억이 오늘따라 눈앞에 삼삼하다. 물에 빠진 나를 등에 업고 대문을 들어서는 오빠한테 "그래도 또 썰매 타러 갈 것이냐."며 아버지의 불호령이 떨어졌다.

점심을 먹고 난 오빠는 뒷마당의 변소에 가는 척 나갔다가 해가 서산 넘어갈 즈음 돌아왔다. 겨울을 마음껏 즐기기에 하루해가 너무 짧았던 시절이었다. 그땐 겨울이 머뭇거린다고 투덜대지도 않았고, 들판에 높이 솟아오른 연 꼬리에서 눈을 떼지 못했다. 지금처럼 두꺼운 외투도 없었고 운동화를 신지 않았어도 아랫목이 아닌 밖에서 하루를 보냈다.

 아직도 겨울인데 어서 가지 않는다고 나무라는 것은 추위를 이길 자신이 없다고 스스로 인정하는 것이 아닐까. 이열치열이라 하지 않던가. 열은 열로 다스린다는데 추위도 바람과 함께 달려보는 것은 어떨까. 떠나는 아쉬움을 생각하면서.

서운함은 가슴에

 해질녘, 아침이슬처럼 웃는 그를 만나기 위해 지인 몇 사람과 사무실을 방문 했다. 반갑게 맞아준 그를 보자 가슴 한 켠이 얼어붙는 것 같았다. 마음껏 축하를 해주어야 할 자리인데 눈가가 젖었다. 일행에게 내 마음을 들키지 않으려고 입을 꾹 다물고 있는데 옆에 있는 지인이 코를 훌쩍거린다. 주인공인 지인이 먼저 눈가를 훔쳤다. 평소 그의 마음 씀씀이에 우리는 이심전심이었나 보다.
 그는 상대방을 먼저 배려했다. 업무 보고가 늦어 자신의 일 처리에 지장이 있어도 싫은 내색보다 격려하며 상대방의 마음을 쓰다듬어 주었다. 말은 철학가 같았고, 모든 것을 긍정적으로 보고 생각해야 한다는 메시지 같았다. 이제 막 핀 보리밭을 보는 기분이었다. 유머 감각이 넘쳤고, 분위기를 사로잡는 매력도 있다.

어쩌면 그와의 만남이 오늘로 마지막이 될 지도 모른다. 새로운 일을 찾아 직장을 옮기기 때문이다. 앞으로 펼쳐질 변화에 두려움 따위는 없어 보였다. 그저 평소처럼 이야기를 한다. 그는 어른아이다. 그렇다고 허튼소리를 하거나 이치에 어울리지 않는 행동을 하는 것이 아니다. 사람들과 생각이 다른 것을 있는 그대로 알려주고 스스로 느끼도록 해주었다. 상대방의 처지를 생각하고 말을 하며 자신이 먼저 몸을 낮추어 겸손하다.

장애는 신체적인 것에만 있는 것이 아니다. 정상인이라고 생각하는 사람 중에는 본인도 알지 못하는 장애가 있는 사람이 많다. 장애는 자신의 의지로 얼마든지 극복할 수 있다. 일본의 베스트셀러 『오체불만족(五體不滿足)』의 작가 오토다케 히로타다(乙武洋匡)는 '선천성 사지 절단증'이란 장애에도 불구하고 인생 역전을 이뤘다.

지인은 정신적인 면에서는 누구보다 건강하고 올바른 청년이다. 단지 몸이 조금 불편할 뿐이다. 그런데도 그 부서의 직원은 그를 단연 꽃이라고 한다. 대부분의 사람은 여자를 꽃에 비유하는데 그를 보면서 남자도 꽃이 될 수 있음을 느낀다.

외형으로 본 그의 모습은 측은하다. 작은 키에 가녀린 몸매. 걷는 모습은 불안하다. 겉모습만 보고 사람을 판단해서는 안 된다는 것을 그를 통해 알았다. 대민 업무에 소홀하지 않았고 오히려 자신으로 인해 팀에 피해가 갈까 봐 건강한 사람보다 더 노력하고 심사숙고했다.

대화를 나누다 보면 내 생각이 부끄럽다는 것을 느낄 때가 있었다. 나이에 어울리지 않게 박학다식한 그는 노력파다. 자신의 처지를 비관하지 않고 긍정적으로 생각하고 행동하는 열정이 오늘의 그가 된 원동력인 것 같다. 국가직 공무원 시험에 최종 합격하여 근무처를 옮기게 되었다. 항상 밝게 웃는 그는 요즈음 보기 드문 건실한 청년이었는데 헤어지기가 아쉽다.

팀 동료들도 떠나보낼 준비를 하지 못하고 있단다. 마음이 여린 그가 작별의 글을 쓰려니 눈물이 나올 것 같아 차마 쓰지 못하고 직원에게 그동안 고마웠다는 감사의 말을 대신 전해왔다. "그동안 고마웠고 사랑한다고 꼭 전해주랍니다."란 직원의 말이 귓전을 맴돈다. 함께 한 3년 4개월이 우리 모두에게 이젠 추억이 되었다.

어디서 근무를 해도 지금처럼만 생활한다면 그곳에서도 주변 사람들의 사랑을 듬뿍 받을 것이다. 다만 낯선 객지에서 하루속히 정붙이고 살았으면 하는 바람이다. 새로운 근무지에서 배필을 만나 오순도순 알콩달콩 살았으면 하는 내 희망사항을 악수로 전했다. 마음이 전해졌는지 지인의 따뜻한 손에 힘이 실려 있다. 또 다른 인연의 고리가 지인과 연결되면 참 좋겠다.

삼가 선생님 영전에 바칩니다

　두 사람이 앞서 걸어가고 있다. 막 입학식을 마치고 집으로 가는 아이와 엄마인 듯하다. 손을 꼭 잡고 걷기도 했다가 아이가 껑충껑충 뛰어 저만치 앞서가다 돌아와 엄마의 옷자락을 잡고 속사포처럼 질문을 퍼붓기도 한다. "왜 길은 이렇게 미끄럽지? 얼음은 어째서 어는 거야?" 아이의 맑디맑은 눈은 호기심으로 가득 차 있다. 엄마의 주문도 쉴 새 없이 쏟아진다. "선생님 말씀 잘 듣고, 선생님 만나면 언제나 인사하고······" 아이는 계속 고개를 끄덕이면서도 몹시 신이 나 보였다.
　두 사람의 대화 내용은 귀를 쫑긋거리지 않아도 그냥 들려온다. 선생님이란 단어에 가속이 붙는 그들의 이야기를 듣고 있자니 불현듯 자상했던 선생님이 생각났다.
　선생님께서 먼 길 떠나시고 처음 맞는 봄이다. 유난히 추웠던 지난 겨울, 선생님의 타계소식은 나뿐만 아니라 많은 사람들의 가슴을 꽁꽁 얼어붙게 했다. 예년 이맘때쯤이면 개나리가 화사하게 피어 계절을 실감하게 해 주련만, 아직 슬픔에서 벗어나지 못했는지 꽃망울을 품고만 있다.

뵙고 싶고 너무너무 그리운 선생님.

문학에 관련된 소식은 빠짐없이 알려 주시고 사소한 일에도 늘 신경 써 주셨다. 운명을 달리하기 며칠 전 안부전화를 드렸을 때에도 고맙다는 말씀을 거듭거듭 하시면서 오히려 내 건강을 염려해 주셨다. 이제는 그 다정하신 목소리조차 들을 길이 없으니 안타까운 마음 금할 길이 없다.

지난해 여름, 진도에서 열린 모 문학 모임에 회원들의 참석을 적극적으로 권유하실 때에도 당신의 건강보다 회원들의 문학성 향상을 염려하셨다. 당신이 알고 계신 지식을 회원들에게 나누어주려고 열강을 하시던 모습이 선한데 정작 뵐 수가 없으니 이 허전함을 어찌 달래야 할까.

"어이, 글은 쓸수록 어렵고 힘이 들어도 그 힘든 과정을 극복한 사람의 글에서는 작품성을 느낄 수 있네. 자네도 그 반열에 우뚝 설 수 있으니 노력하게나." 행여 지쳐 포기하지 않을까 노심초사 하시면서 늘 격려를 아끼지 않으셨는데 오늘 따라 선생님의 음성이 생생히 들리는 듯하다.

행여 주저앉을세라 보상과 채찍을 번갈아 하시면서 나를 일으

켜 세워주셨다. 선생님으로부터 많은 사랑을 받았는데 해드린 것이 없어 미안하고 죄스럽기만 하다.

워낙 의욕이 강하셨기에 지병으로 고생은 하셨어도 그렇게 허망하게 가실 줄 몰랐다. 성폭력상담원 교육을 끝내고 막 도착한 회식 자리에서 선생님의 비보를 접하고 제정신이 아니었다. 도대체 무슨 전화를 받았기에 사색이 되느냐는 회원들의 물음에 끝내 울음을 터트리고 말았다. 그리고 빈소에서 소복 입은 사모님을 붙잡고 또 한참을 울었다. 선생님의 유고 수필집을 보니 더 슬펐다.

천상에 계신 선생님.

문학을 향한 열정 어찌 다 뿌리치고 그 먼 길을 떠나셨나요. 부족한 제게 한결같이 용기와 격려를 아끼지 않으셨는데 그런 은혜에 보답은 못할망정 심기를 불편하게 해드린 일이 있었으니 죄스럽기 짝이 없습니다. 누구보다 앞장서 도와 드려야 할 제가 어리석게도 한 때는 회원들의 부추김에 무례함을 범했으니 죄를 어찌 사하오리까. 동인지를 한 사람이라도 더 보게 하려고 문인들의 주소를 백방으로 모아 오셨는데 생각이 짧은 제가 일부를 쓰레기통으로 넣어버린 적이 있었으니 미안하고 죄송합니다.

선생님, 오늘 저녁 꿈에서라도 뵙고 용서를 구하고 싶습니다. 철없이 촐랑대는 아이처럼 선생님 옷자락 부여잡고 응석을 부리더라도 어여삐 보아주소서.

삼가 선생님 명복을 비옵니다.

어찌 그리 허망하게

첫눈이 온다. 펑펑 쏟아지는 눈을 보고 있자니 그분 생각이 난다. 그해도 오늘처럼 객지에 나와 있었다. 메모지를 들고 걷고 있는데 누가 일부러 뿌리기라도 한 것처럼 눈이 왔다. 순식간에 머리에 눈을 한아름 이고 운동장을 가로 질렀다. 연방 내리는 눈은 운동장에 소복이 쌓였고 내 어깨 위도 덮었다.

교실 문을 빼꼼히 열고 "혹시 여기가" 나의 말이 채 끝나기도 전에 "광양에서 오신 이임순 선생님이지요."하며 손에 든 수건으로 머리에 눈을 털어주셨다. 김향자 선생님과의 만남은 이렇게 시작되었다.

생면부지인데 어떻게 알아보실까 궁금해 하는 내게 난로 위에서 끓인 차를 권하며 우선 속부터 녹이라고 하셨다. 그리고는 내 궁금증을 풀어주셨다. 학생을 돌보는 틈틈이 방문객 맞을 준비를 하면서 누가 제일 먼저 도착할까 조바심나게 기다렸다고 했다. 그런데 눈을 맞으면서도 운동장을 씩씩하게 걸어오는 내 모습에서 시골 냄새가 났단다.

교실에는 나처럼 이방인들이 모였다. 그때마다 내게 했던 것처럼 맞아주셨다. 참 마음이 곱고 따뜻한 분이었다. 이렇게 눈이 오는데 먹고 사는 일도 아닌데 오시느라 출출할 것이라며 미리 준비해 놓은 간식을 내 놓으셨다.

그날은 해마다 우정 사업부에서 실시하는 편지쓰기대회에서 입선한 사람이 모였다. 선생님은 신광여중에 근무하며 특수반을 담당하셨다. 학생들에게 다양한 꿈이 있다는 것을 알려주려고 모임을 주선하셨다고 했다. 그리고는 학생들의 작품을 소개해 주기도 했다.

편지 마을에 이어 전라 수필에서까지 선생님과 함께 하다 보니 인연을 맺은 지 어언 삼십오 년이란 세월이 흘렀다. 세상사 어찌 좋은 일만 있을까. 어려운 일이 있을 때 선생님께 속내를 털어놓으면 그 바쁘신 와중에도 경험과 지혜로 쌓은 대처법을 친정어머니처럼 일러주셨다.

선생님은 장애우 학생들의 대모이기도 하다. 이런저런 사연이 있는 학생들을 다독이고 껴안는 모습은 선생님이기에 앞서 자상하고 이해심 많은 어머니셨다. 장애우 학생들의 부모님도 모르는 사실을 해결하려고 경찰서며 가게로 동분서주 쫓아다니며 문제를 해결하고 학생을 올바른 길로 인도하셨다. 선생님의 수필집 『개미가 발을 밟았어요』를 읽고 있노라면 이렇게까지 할 수 있을까하는 생각에 존경심이 저절로 우러나왔다.

그런 선생님이셨는데 청천벽력 같은 소식이 날아왔다. 그것도 감사 기간이라 언제 감사관들이 어린이집에 들이닥칠지 모르는 상황에. 그래도 가만히 있을 수가 없었다. 선생님의 마지막 길을 배웅해 드리지 못하면 두고두고 후회가 될 것 같았다. 문상을 가는데 감사 기간에 자리를 비운 두려움보다 선생님을 잃은 허망함에 눈물이 쏟아졌다.

친정어머니를 잃은 아픔을 털어내지 못하고 계신다는 선생님의 소식을 회원들을 통해 듣고 또 들었다. 그때마다 바깥 선생님이 알뜰히 보살피고 계시며, 선생님이 적응하기 좋은 환경으로 이사까지 해 쾌차하시기만을 기다렸는데……. 무심히 보낸 날들이 죄스럽다. 회원들도 이구동성으로 "꼭 우리와 함께 하시리라 믿고 기다렸는데 이 무슨 날벼락이냐"며 울먹인다.

선생님께서는 내 첫 수필집 『과수원지기의 향기』를 출판할 때 당신 일인 듯 기뻐하셨다. "어이, 내가 도와줄게." 하시며 내 고민거리를 단번에 해결해 주시기도 했다. 이제 그 선생님이 우리 곁에 계시지 않는다. 그런데 며칠 전에 또 비보를 전해 들었다. 혼신을 다해 간호하시던 바깥 선생님께서도 운명을 달리 하셨다는 것이다. 남남인 나도 선생님을 잃은 상실감이 이렇게 큰데 부부애가 좋았던 바깥 선생님의 허망함을 내가 감히 짐작이나 하겠는가. 그 마음 차마 추스르지 못하고 선생님 곁으로 가신 바깥 선생님. 두 분 하늘나라에서도 못다 나눈 정 오순도순 나누시길 기원한다.

세모에

 송년 모임이 있다는 지인의 전갈을 받고부터 마음이 조급해진다. 달력으로 눈길이 간다. 벽에 걸린 숫자는 제자리를 지키는데 마음은 방향을 잃고 흔들거린다. 한숨이 나온다. 대책 없이 나오는 한숨을 잠재우기 위해 심호흡을 한다. 구멍 뚫린 양동이로 물을 나르는 기분이다. 허탈하다.
 눈을 감고 조용히 생각에 잠긴다. '초조해 할 것 없어, 아직도 올해가 이십여 일도 더 남아 있어' 하고 스스로를 위로한다.
 생각은 하기 나름이니 긍정적으로 하련다. 그리고 연초에 세웠던 계획을 다시 살펴보아야겠다. 그래서 이 해를 보내는 마지막 순간에 조금 전에 느꼈던 그 허무함을 가슴에서 조금이라도 더 덜어내야겠다.
 마음이 조급해진다. 메모지와 볼펜을 챙겨 연초에 세웠던 계획들을 다시 적어본다. 텅 빈 것 같던 마음에 오붓함이 느껴진다. 그동안 열심히 노력했던 흔적이 허한 가슴을 채워준다. 작은 일일망정 내가 이룩한 여러 가지가 한데 모이니 옷을 여러 겹으로 껴입은 듯 온기가 느껴진다. 내면을 더 훈훈한 열기로 채우려고 당장 해야 할 일과 시급하지 않은 일을 구분하여 우선 순위를 매긴다.

깨알 같던 글씨가 점점 확대 되어 내 일부가 되려고 한다. '쇠뿔도 단김에 빼라'더니 작정을 하고 나니 더이상 미룰 필요가 없다. 묵혀 두고 오래 사용하지 않았던 유에스비를 정리하려는데 난데없이 오려 두었던 기사가 여기저기서 쭈빗거리며 고개를 내민다. 그들을 외면이라도 하면 가위를 들고 자르던 때의 신선한 충격이 뒤통수를 칠 기세이다. 사방에 널려 있는 기사를 한데 모아 방바닥에 종류별로 나열했다. 제목만 보아도 가슴이 설레는 기사가 있다. 희로애락이 손을 따라 움직인다. 이런 기운을 묵혀 두었으니 참 많이도 답답하였겠다는 생각이 들었다. 미안한 마음에 움직임이 빨라진다.

한 기사를 집어 든 순간 명치끝이 아려온다. 북한이 고향인 80대의 할머니는 전쟁 중에 가족과 헤어졌다. 그분은 가족을 만나려고 눈이 오나 비가 오나 하루도 거르지 않고 행상을 했다고 한다. 지금까지도 의지할 일가친척 한 사람 없는 할머니는 그렇게 모은 돈을 불우한 이웃에게 써달라고 기탁 했다. 당신처럼 의지할 곳이 없는 이웃에게 쓰고 싶다는 것이다. 진정으로 보호 받고 위로 받아야 마땅한 분은 당신 자신이련만, 마음이 비단결 같은 할머니는 오늘도 피붙이를 만난다는 희망으로 거리에 앉아 행상을 하실 것이다.

사랑은 풍족해야만 실천하는 것이 아닌 모양이다. 어렵고 힘들게 사는 사람도 이웃 사랑의 정이 넘치니 말이다. 할머니의 기사가 실린 종이 한 장이 허물어진 벽을 뚫고 들어오는 바람을 막아주는 솜이불 같다.

마음이 개운해진다. 힘든 일도 아니고, 그렇다고 심각하게 머리 써야 할 일도 아닌데 왜 이렇게 미루어 두었는지 모르겠다. 한 가지 일을 실천했는데 덤으로 여러 가지 일이 정리가 된 것 같다. 그러나 무엇보다 각박한 세상이라지만 정이 넘친 사람들이 있다는 사실이 너무 좋다.

정, 큰 것도 있지만 소소한 작은 것도 사람의 마음을 움직인다. 서랍장 위에 있는 배가 불룩한 돼지 저금통과 눈이 마주친다. 할머니와 단둘이 살고 있는 이웃 마을의 지영이 얼굴이 떠오른다. 밑창이 떨어진 운동화를 신고 다니다 발바닥을 다쳤다는 말을 며칠 전에 들었다. 가슴이 두근거린다. 왜 움직이지 않느냐고 채근하는 것 같다. 그래, 서두르자 하며 자리에서 일어나는데 책꽂이 한쪽에 꽂혀 있던 스크랩 철이 활짝 웃는다.

돼지 저금통을 들고 나오는데 며칠째 전화로만 안부를 묻던 자원봉사 할머니의 모습도 생각난다. 지영이를 만나고 할머니 집도 가려고 한다. 누구에게나 온돌방의 아랫목 같은 세모가 되었으면 하는 바람을 가슴에 안고 걸음을 재촉한다.

7부
사랑의 고리

꽃이 예쁘다고 한 사람에게는 꽃나무를,
주렁주렁 달린 과일이 보기 좋다는 사람에게는 과일나무를,
그리고 따뜻한 손길이 필요한 이웃에게는
내 마음의 사랑을 주고 싶다.
연일 내리는 장맛비는 기분마저 한풀 꺾이게 하지만 가라앉은
집안 분위기를 사랑이 담긴 작은 화분 하나가 바꾼다.

형 노릇

"맛있지!"

"응, 맛있어!"

"김치도 줄까?"

"응, 큰 것."

네 살 정빈이는 동생인 현우의 밥숟가락 위로 김치를 올려주었다. 일주일 전에 여동생이 태어나기 전까지는 정빈이도 여느 아이들처럼 어리광을 부리고 부모님의 눈 속에서 지냈다. 그런 아이가 동생이 둘이 되고부터는 몰라보게 달라졌다. 제 밥을 빨리 먹고 현우에게 밥을 먹이는가 하면 장난감을 챙겨주는 모습이 참 의젓하다.

세 살인 현우는 또래 중에서도 개구쟁이다. 눈웃음이 백만불 짜리인데 노는 것을 보면 장난기가 줄줄 흐른다. 블록을 가지고 놀다 싫증이 나면 던지고, 그림을 그리다가도 하기가 싫으면 떼를 쓰고 그냥 그 자리에 내버려 둔다. 그러면 정빈이가 그 뒤치다꺼리를 하다가 때로는 형으로서 위엄을 보였다.

"현우야! 어지럽히지 말고 정리도 해." 그래도 현우가 못 들은 척 앉아 있으면

"형이 정리하라고 했지." 하고 손을 옆구리에 대고 특유의 폼을 잡았다. 그러면 현우도 한 번 웃고는 가지고 놀던 장난감을 제자리로 가지고 갔다.

정빈이는 어른아이다. 또래와 무리지어 놀다가도 동생을 살피고, 손이 필요하다 싶으면 얼른 달려가는 모습이 꼬마 아빠 같았다. 그 모습이 너무 어른스러워

"정빈아, 현우 예뻐?" 하고 물으면 고개를 끄덕인다. "왜 예쁜데?" 하고 물으면

"내 동생이니까요."

"현우 때문에 정빈이가 못 놀잖아."

"그래도 내 동생이잖아요." 하며 형제임을 강조했다. 귀찮을 법도 한데 한사코 동생 역성을 든다.

정빈이 형제는 요즈음 어린이집에서 시간 연장반이다. 정규과정이 끝나고 맞벌이나 직장, 기타의 여건 등으로 아이를 돌보기 어려운 경우 귀가 시간을 늦추는 것이 시간 연장반이다. 가끔은 어린이집에서 더 놀고 싶거나 저녁밥이 먹고 싶어 시간 연

장반을 하는 경우도 있다. 그런데 정빈이는 어머니가 셋째를 낳고 조리하느라 마중 나오지 못한다. 그래서 정빈이 아버지가 직장에서 퇴근하면 데리고 간다. 현우는 재미있게 놀다가도 형 정빈이에게 다가가

"아빠 언제 와?" 한다. 그러면

"밥 먹고 재미있게 놀고 있으면 오신다고 했지." 하고 형답게 행동한다. 그 모습을 보고 있으니 웃음이 났다. 네 살짜리 아이 속에 무엇이 들어 있길래 이런 말을 할까 싶었다. 정빈이는 말수가 적은 아이다. 그런데 요즈음은 그렇지 않다. 둘째 동생이 태어난 다음 날, 아가 예쁘냐고 물었더니 면회 시간에만 볼 수 있다고 했다.

"응, 그렇구나! 그래서 많이 못 봤구나."

"퇴원하면 엄마 옆에서 날마다 볼 수 있대요." 하면서도 못내 서운한 표정이다

정빈이 말대로 저녁밥 먹고 놀고 있으니 아빠가 오셨다. 정빈이가 현우를 쳐다보며

"봐, 형아 말이 맞지." 그랬다. 현우는 들은 척도 않고 아빠한테 쪼르르 달려갔다. 정빈이는 현우 가방까지 챙겼다. 그러면서도 입꼬리가 올라갔다.

네 살 아이의 형 노릇은 집에 가서도 이어질 것이다. 현우가 동생에게 시샘을 하니 어머니가 잠깐이라도 자리를 비운 사이

어린 동생도 보살필 것이다.

  정빈이의 배려하는 마음은 또래보다 먼저 가슴에서 터를 잡았다. 어려서부터 벌써 배려하는 마음을 기르는 정빈이는 나눔의 문화도 익히는 중일 것이다. 형 노릇하면서 자연스레 익히는 배려 그 자체가 나눔이고, 그 나눔이 머지않아 이웃으로도 점점 확산도 될 것이다. 배려와 나눔의 문화가 집집마다 일었으면 하는 바람이다.

눈 때문에

촉각이 곤두선다. 귀를 의심하며 생각을 가다듬기도 전에 또 찌르륵 찌르륵 나는 소리에 그만 몸이 굳어진다. 그렇지 않아도 빙판 길 운전하느라 긴장했는데 귀를 찢는듯한 예사롭지 않은 소리까지 들린다. 바퀴에 차체의 일부가 닿을 때 나는 소리가 분명하다. 그런데도 브레이크를 밟을 수가 없어 주차를 하지 못했다.

골목길을 벗어나 가까스로 주차를 했다. 조심스레 차에서 내려 소리 나는 운전석 쪽의 앞바퀴를 살피던 나는 깜짝 놀랐다. 세상에 이럴 수가 있단 말인가. 앞 범퍼의 우측 모서리는 간 데 없고, 깜박등은 여러 동강이 난 상태로 형체만 유지하고 있다. 그것뿐이 아니다. 트렁크는 눈에 뜨이게 쭈그러져 있고 그 밑의 부속은 깨진 채 내려앉아 바퀴를 누르고 있다. 남의 차를 이 지경으로 만들어 놓고 주인이 보지 않았다고 그냥 가버리다니. 어떤 사람의 소행인지 알 수는 없으나 괘씸하기 짝이 없었다.

차를 보고 있자니 마음에서 불이 번득거렸다. 기가 막혔다. 눈 뜨고 코를 베인 꼴이 되어 화가 머리끝까지 치밀었다. 상대가 없으니 내 마음도 빙판길로 둔갑 했다. 독버섯처럼 솟은 마음을 진정시키고 바퀴를 누르고 있는 깨진 부속을 위로 밀어 올리려고 하니 꼼짝도 하지 않았다. 차 안에 있는 연장을 꺼내 다시 시도를 해보아도 역시 마찬가지였다. 도로 상태가 안 좋으니 조심해서 운전하라고 남편이 신신당부를 했는데, 늦으면 집에서 걱정하고 있을 것이라 지체하고 있을 수가 없었다. 그렇다고 그 상태로 운전을 했다가는 바퀴가 심하게 마모될 것이 뻔하기 때문에 갈 수도 없는 노릇이었다. 문득 힘으로 밀어 당기면 될 것 같은 생각이 들었다. 염치 불구하고 옆에 있는 가게로 가서 사정 이야기를 하니 아저씨가 차를 살펴보았다. 아저씨가 땀을 흘리면서 처진 부속을 밀어 올려도 움직이지 않았다. 몇 번을 해도 변화가 없으니 횡하니 가게로 가 철사를 가져와 떨어져 나간 범퍼 자리로 연결하여 동여맨다. 그때서야 내려앉은 부속이 온전하지는 않지만 바퀴에서 멀어졌다. 아저씨가 땀을 훔치며 응급조치는 되었으니 정비공장으로 가서 수리를 하라고 했다.

좀처럼 눈이 오지 않는 우리 고장에 어제 밤에 눈이 소복이 쌓였다. 재가복지시설에 볼 일이 있어 망설이다 여느 때와 같이 차를 운전하며 집을 나섰다. 그러나 빙판길로 변해버린 도로때문에 초긴장 상태에서 운전을 해야 했다. 가는 도중에 번번이 사고 자동차를 목격할 때마다 불안했다. 목적지인 재가복지시설은 골목길 끝에 있어 미리 안전한 곳에 주차를 하고 걸었다. 예상했던 대로 꽁꽁 얼어붙은 비탈진 골목길은 걷기도 조심스러웠다. 일을 마치고 올 때까지도 골목은 눈이 수북이 쌓여 있었다.

　핸들을 좌우로 꺾고 직진을 해도 섬뜩하게 느껴지던 소리가 나지 않았다. 하지만 긴장된 마음은 여전했다. 생면부지인데도 하던 일을 멈추고 선뜻 내 부탁을 들어준 아저씨는 많은 것을 깨닫게 했다. 한참 일에 열중해 있을 때 누군가가 도움을 요청하면 나는 어떻게 했을까? "내가 도움이 될 수 있을까요"하면서 손을 털고 일어나던 아저씨가 진정한 이웃인 것 같다.

　오늘처럼 도로 사정이 좋지 않은 날 만난 또 한사람이 있다.

　전주에서 문학 모임이 있었는데 때마침 이종사촌 동생의 소식을 알게 되어 겸사겸사 집을 나섰다. 쾌청하던 날씨가 구례를 지나 남원에 이르자 눈이 내리기 시작하더니 함박눈이 펑펑 쏟아졌다. 바람까지 세게 불어 공중 무용을 하는 눈이 시야를 어지럽게 했다. 도로는 순식간에 눈 천지로 변했고, 어느 지점에 이르자 신호등이 고개 마루에 있었다. 예상치 못해 브레이크를 밟았지만 앞차와 부딪치고 말았다. 어찌할 바를 모르고 있는데 운전자가 다가오더니 "미안합니다, 많이 놀라셨지요" 하면서 가해자인 내게 오히려 미안해하는 것이다. 그는 내 허물보다 상대방을 배려하지 못한 당신을 탓했다.

아무리 운전을 잘 하는 사람이라도 오늘 같은 도로 상황에서는 접촉 사고의 위험이 크다. 나를 화나게 했던 그 사람도 도로 사정에 익숙하지 못한 초행자인지도 모른다. 차 안에 연락처가 있었으니 전화 한 통만 해주었더라면 하는 아쉬움이 남는다. 모르긴 해도 상대방의 차는 더 엉망이 되었을 것이다. 그 사람은 심란한 심사를 어디서 달래고 있을까.

묵향과 숭늉의 만남

배가 고팠다. 냉장고에서 토마토를 꺼내 먹으려고 하니 입덧 난 사람처럼 밥이 먹고 싶었다. 텅 빈 밥솥을 보니 더욱 배가 고팠다. 이대로 잠자리에 들면 잠이 올 것 같지 않았다. 시계를 보니 새벽 한시, 밥 짓는 시간이 정해져 있는 것은 아니지만 가족이 자고 있는 이 시간에 밥을 짓자니 망설여졌다.

시장기를 면하려고 빵과 우유를 쟁반에 담아 방으로 갔다. 그런데 퇴근길에 남편이 사와 맛있게 먹었던 크림빵이 생전 처음 보는 것처럼 그렇게 생소할 수가 없었다. 머뭇거리며 멀거니 바라만 보고 있는데 이게 웬일인가. 빵이 밥그릇으로 보이는가 싶더니 김이 모락모락 솟아올랐다.

왈칵 시장기가 더해졌다. 배에서는 꼬르륵거리는 소리까지 났다. 장어탕에 밥 한 공기를 맛있게 먹었는데 꼭 저녁을 굶은 것만 같았다. 더는 참을 수가 없었다. 벌떡 일어나 주방으로 가 냄비에 물을 부어 가스렌지에 불을 켰다. 그리고는 보리쌀과 완두콩도 한 움큼씩 보태어 쌀을 씻었다.

보글보글 밥이 끓었다. 어릴 적 어머니가 아궁이에서 고기를 구우시면 쭈그리고 앉아 보았듯이 냄비에서 눈을 떼지 않았다. 성급한 마음에 냄비 뚜껑을 열어보니 물기가 아직도 부글거린다. 장어탕 냄비에 불을 켜고 상을 차렸다. 김치며 나물, 멸치볶음 생선조림을 상에 올리고 계란찜을 했다.

구수한 냄새가 진동을 했다. 너실너실 퍼진 밥에 연방도 보글거리는 계란찜이 식욕을 더욱 돋군다. 반쯤 익은 소불김치에 장어탕은 구색도 맞았다. 이것 저것을 먹어도 모두가 꿀맛이다. 남편과 아들은 이런 성찬도 모르고 잠을 자고 있다. 혼자서 즐기는 한밤의 파티지만 외롭거나 궁색하지 않았다. 밥그릇이 동이 나고 계란찜 옹기를 씻은 듯이 비웠다.

숭늉을 끓였다. 구수한 냄새가 난다. 기분 좋게 설거지를 마치고 호호 불어 숭늉을 한 모금 마시니 마음이 수면 위에 뜬 것 같았다. 배도 부르고 기분도 좋은데 잠을 자기에는 한껏 고조된 분위기가 아쉬웠다.

지필묵을 꺼내 먹을 갈았다. 묵향과 숭늉이 어우러진 은근한 맛에 잠은 얼씬도 못했다. 붓에 먹물을 묻히고 그 위에 내 마음도 얹어 한 획 한 획마다 정성을 다해 화선지를 메웠다. 꽃이 피고 나무가 자라고 나비도 날아오고 학이 날개를 펼쳤다. 아지랑이 피어오르는 들판에, 멱을 감던 냇가에서, 친구들과 놀기도 했다. 어디 그뿐인가. 글공부 하는 문우들의 웃음소리와 가족들의 이야기도 화합의 동산에 동참 했다.

화선지에 모인 사람과 자연이 깊어가는 밤의 향연을 즐겼다.

희뿌연 새벽이 갸웃이 고개를 내밀었다. 신선하기 그지없는 새벽이라 엄숙한 마음으로 맞이했다. 삶의 또 다른 의미의 날이 나를 향해 손짓을 했다. 새로운 방향의 길을 걸어보고 싶었는데 망설여졌다. 하지만 이제 결심 했다. 버팀목이 될 힘이 있어야 했다. 그 힘을 갖고 싶다. 그러려고 깊은 밤, 밥이 그렇게도 먹고 싶었던 모양이다.

묵향과 숭늉이 어우러진 방 안 공기가 지금까지 접해 보지 못한 감정을 자아냈다. 언젠가 포도주 한 잔으로 맛보았던 감미로움 같은 그런 느낌이었다. 윗목에 펼쳐진 화선지에 눈동자가 고정되었다. 강하고 약한 획이 내 삶의 무게처럼 확연했다.

이제부터는 누군가를 위해 봉사하는, 우리가 함께 하는 새로운 터전을 닦으리라. 그래서 힘을 기를 것이다. 약한 힘일망정 꾸준히 쌓으면 강해지리라 본다. 그 힘에 보태기 위해서는 잠도 자야 한다. 새벽잠을 청하는 기분이 아침햇살 같다.

딱지떼기

　8월의 불볕 더위 만큼이나 열정적으로 전화벨이 울리더니 후배가 결혼을 한다고 했다. 그녀는 당당한 목소리로 더위도 물러설 수 있는 후련한 소식을 전했다. 그리고는 양가 부모님이 상견례를 하는데 분위기 좋은 식당을 소개해 달라고 했다. "언니한테 맛있는 국수를 드리려고 여태껏 장만했어요" 하고 말하는 그녀의 기분은 한층 고조되어 있었다. 나도 기분이 하늘로 솟았다. 회원 중에 유일하게 노처녀 딱지가 붙어 있는 후배가 결혼을 하다니 이보다 더 반가운 소식이 어디 있겠는가. 나도 모르게 절로 노래가 나온다.
　성격이 쾌활한 후배는 무슨 일이든지 적극적이라 주위 사람들로부터 칭찬이 자자했다. 오지랖이 넓은 그녀는 누구와도 잘 어울렸다. 이해심 많고 성실한데다 상대방을 배려하는 따뜻함까지

지녔건만 좀처럼 결혼이 성사되지 않았다. 내심 걱정하던 참에 전해온 반가운 소식이었다. 뜨거운 말복에 결혼식을 한다. 신랑은 신부보다 한 살이 많은 마흔 두 살이다. 부부는 닮는다더니 너무 닮은꼴이다. 저런 천생연분을 만나려고 그 숱한 날들을 기다렸던 것일까? 만혼인데도 이십대의 청춘들만큼이나 풋풋함이 묻어 있었다. 부케를 들고 신부 대기실에 앉아 있는 후배는 무척 긴장해 보였다. 신부 대기실 앞에 서 있는 신랑의 모습 또한 신부와 다를 바 없었다.

둘이 같이 손을 잡고 입장한 결혼식은 여느 사람들의 결혼식보다 짧게 느껴졌다. 주례 선생님은 늦게 시작한 만큼 이해와 관용으로 서로의 버팀목이 되라고 당부했다. 하객들은 사진 촬영이 끝나도 더 축하를 해주고 싶어서였을까 자리에서 일어날 줄을 몰랐다. 사회자가 그동안 기다린 세월을 보상해 주겠다며 신랑에게 만세삼창을 요구하더니 공개적인 입맞춤까지 제안했다.

결혼식이 끝나고 지인들이 둘러앉아 모두가 한 마디씩 신부에게 덕담을 했다. L씨는 언제 둘을 키우겠느냐며 쌍둥이를 낳아 한꺼번에 키우라고 했고, K는 신혼집에서 얼마나 구수한 냄새가 나겠느냐며 옆집으로 이사를 가겠다고 했다. 그러나 그 무엇보다 신랑의 부모가 고맙기 그지없다. 아들에게 처가에 아들이 없으니 신부집 가까운데 신혼집을 마련하고 처가 부모를 자주 찾아뵈라 했단다. 그렇다. 며느리 자식을 얻었으니 아들자식도 나누어 가지려고 하니 얼마나 좋은가. 부모를 닮았으면 신랑도 신부를 귀하게 여기리라 믿는다. 출발은 늦었지만 행복한 가정을 꾸리기를 모두가 한마음으로 기원했다.

　세상사가 어찌 좋은 일만 있을까마는 후배 부부가 살아가면서 행여 어려운 일을 겪게 되더라도 슬기롭게 극복하라고 당부했다. 지인들의 말에 고개를 끄덕거리는 신부의 모습이 능소화 같았다. 능소화꽃은 점잖고 기품이 있어 동양식 정원이나 공공장소의 휴식 공간에 잘 어울리는 나무다. 능소화와 흡사한 후배, 한여름의 신록은 진녹색인데 반하여 능소화잎은 연녹색으로 커다란 꽃이 가지 끝에 달린 꽃대에 주렁주렁 달려 있는 모습은 참으로 인상적이다. 외래 꽃나무지만 우리 풍토에 토착화된 능소화처럼 쾌활하고 부침성 좋은 후배가 시댁에 사랑의 씨를 듬뿍 뿌려 예쁨을 받으며 살았으면 좋겠다. 그래서 영원히 시들지 않은 사람 꽃이었으면 한다. 은은한 향기가 배어나는 그런 인간 꽃으로 후배는 분명 살아갈 것이다.

　결혼식장에서 신부 엄마의 환한 미소가 인상적이었다. 잘 살기를 바라는 엄마의 염원이 담긴 표정이며 웃음이었다. 신부와 꼭 닮은 미소였다. 그 미소가 지워지지 않고 내내 인생 꽃으로 피어났으면 좋겠다. 덕담을 하는 내게 씽긋 웃어주던 신부, 그 모습이 변치 않기를 간절히 바란다.

　잉꼬부부로 사는 선배가 그랬다. 시부모도 내 부모고, 처부모도 내 부모면 부부간에 갈등은 없다고. 날마다 태양이 변함없이 떠오르듯이 오늘 신랑 신부 얼굴에 핀 그 환한 웃음도 날마다 꽃으로 피어나기를 기대한다.

  말복 더위를 밀어내고 노처녀 딱지를 떼어낸 후배가 무엇인들 못하랴.

빚쟁이

쉴 새 없이 가위질을 한다. 하루 종일 삽목을 했으니 가위질도 어지간히 한 셈이다. 그런데도 한눈 팔 겨를이 없다. 아직도 삽목을 해야 할 나무가 많이 남아 있는데 어둠이 밀려오기 때문이다.

바삐 손을 움직이고 있는데 등 뒤에서 "이모 뭐 하세요" 한다. 고개를 돌려보니 정우다. 날씨는 잔뜩 흐린데 나뭇가지를 자르고 있으니 이상해 보인 모양이다. "응 삽목하려고" "그런데 왜 나무는 잘라요" "이 어린순을 꽂아서 뿌리를 내리면 나무가 되거든." 하지만 정우는 고개를 갸우뚱하더니 내 말이 믿어지지 않는다는 표정으로 "이것이 나무가 된다고요?"

나무도 사람과 마찬가지로 어린 묘목이 자라 성목이 된다. 싹을 틔우는 방법도 제 각각이다. 씨로 뿌리를 내리고, 가지나 뿌리로 번식하는 나무도 있다.

　한 줌의 삽수를 끊어 그릇에 담으려는데 정우는 아직도 가지 않고 있다. 녀석은 여린 가지가 나무가 된다는 것이 무척 궁금한 모양이다.

　"정우야, 나중에 결혼하고 집 장만을 했을 때 정원수 필요하면 나한테 오렴. 내가 우리 집에서 이렇게 해서 키운 나무 줄게."

　"그것이 언제 커서 나무가 되는데요?"

　"정우가 학교 졸업하고 취직해서 결혼도 하고, 집 마련하려면 몇 해가 걸릴 텐데."

　"아무리 노력하고 절약해도 십 년도 더 넘겠지요."

　"그러니까 부지런히 공부해서 취직해야지. 지금 하찮게 보이는 이 가지가 내년에는 어린나무가 되거든. 5년 정도 자라면 정원수로 손색이 없을 거야. 나무 많이 키워 놓을 테니 정우 너도 부지런히 공부해서 취직도 하고 결혼해서 얼른 집 장만도 해."

　"이모, 나 야생화 주기로 한 것도 기억하고 있지요" 언제 왔는지 진영이가 정우와 하는 이야기를 듣고 다짐을 받으려고 한다.

　"그래, 얼마든지 줄 테니 공부만 열심히 하렴." 진영이는 아빠한데 부탁해 마당 한 귀퉁이를 작은 꽃밭으로 만들어 놓았다고 했다. 학교를 졸업하면 집 근처의 병원에서 간호사로 일하면서 취미 생활로 야생화를 키우겠다는 포부도 가지고 있다.

　과수원을 하다 보니 나무와 함께 하는 시간이 많아졌다. 그러다 자연스레 유실수며 정원수에 관심을 가지게 되었고, 직접 손으로 키워서 넓은 정원 구석구석에 나무를 심었다. 그래서 해마다 장마철이 되면 삽목을 하고 봄이면 옮겨심기를 거듭했다. 우리 집에는 이렇게 키운 여러 종류의 크고 작은 나무들이 많고, 봄이면 꽃불이 나기도 했다. 사방에서 울긋불긋하게 피는 꽃이 불이 난 것 같은 착각을 일으켰다. 사람들이 지나가다 넋을 잃고 꽃구경을 하고, 몰래 나무를 뽑아가기도 했다. 남편은 나무 도둑은 도둑이 아니라고 했다. 비록 몰래 가져가긴 해도 그 나무가 뿌리를 내리면 사람들의 마음을 순화할 수도 있다고 했다. 남편이나 나도 어디에 갔을 때 예쁜 화초가 있으면 여린 순을 따와 정성껏 키우고 가꾸면서 때로는 자기 발견도 했다.

 정으로 나무를 키워서인지 나무가 많아도 몰래 뽑아가는 빈자리가 금방 눈에 띈다. 자주 잃어버려 귀한 나무는 집 근처에 심는데도 욕심을 내는 사람들 때문에 온전하게 지킬 수가 없다.

 언제부터인가 나는 우리 집 원룸에 사는 학생들에게 빚쟁이가 되었다. 오늘처럼 정원수를 준다고 약속을 하고, 야생화며 과일나무, 심지어는 방에 도배도 해 준다고 했으니 빚도 여러 가지다. 그런데도 두렵거나 겁이 나지 않았다. 우리 집에 있는 한도 내에서, 내 노력과 능력으로 해 줄 수 있는 약속을 했기 때문이다. 앞으로도 더 많은 빚을 질 지도 모른다. 작은 것에 불과한 빚일망정 상대방에게 요긴한 것이 될 수 있다면 무엇을 망설이겠는가.

    때로는 온종일 비를 맞으며 삽목을 해도 고단하지 않았다. 꽃이 예쁘다고 한 사람에게는 꽃나무를, 주렁주렁 달린 과일이 보기 좋다는 사람에게는 과일나무를, 그리고 따뜻한 손길이 필요한 이웃에게는 내 마음의 사랑을 주고 싶다. 연일 내리는 장맛비는 기분마저 한풀 꺾이게 하지만 가라앉은 집안 분위기를 사랑이 담긴 작은 화분 하나가 바꾸어 준다. 그래서 빚쟁이로 사는 것이 즐겁다.

정 때문에

　온갖 유혹이 있어도 가기 싫은 곳이 있는가 하면, 고생을 자처하면서까지 가고 싶은 곳이 있다. 오늘 내가 그랬다.
　"지금 당장은 걷고 움직이는데 지장이 없지만 당분간은 몸을 따뜻하게 하면서 쉬는 것이 좋습니다." 종아리에 있는 지방 덩어리 제거 수술을 하고 일주일만에 퇴원을 한다니 어제 의사선생님이 내게 한 말씀이다. 그런데 오늘 산행을 하겠다고 행장을 꾸리니 남편도 한마디 한다.
　"무리는 하지 말소."
　단풍이 절정을 이룬 시기인지라 중무장을 했다. 옷은 겹쳐 입고 털신을 신었다. 목도리를 두르고 장갑도 꼈다. 배낭에는 무릎 담요를 두 장이나 담았다. 남편은 걱정스런 표정으로 보고 또 쳐다본다. 그래도 나는 오늘 외출을 포기할 수 없다. 신체를 최소한으로 움직이면서 참가하는데 의미를 둘 요량이다. 지인들이 산행 할 때 나는 차에서 쉬고 있을 심산이다. 그래서 이불 대용으로 무릎 담요를 챙겼다.

서둘러 퇴원을 하고, 남편에게 걱정을 끼쳐 가면서까지 외출을 한 것은 어렵게 잡은 모임이기에 약속은 지키고 싶었다. 그리고 한 가지 이유를 더 하자면 그것은 순전히 정 때문이다. 아버지처럼 지긋한 눈길로 늘 격려를 아끼지 않으신 분, 오늘 지인들과 그분을 만나기로 했다. 전에도 이런 날을 마련하려고 여러 차례 시도 했지만 사정이 여의치 않았다. 워낙 다방면에서 활동을 하시는 관계로 일정이 비는 날이 없어 아쉬움만 쌓여가던 참에 가까스로 날을 잡았다. 그래서 더더욱 불참을 할 수가 없는 것이다.

그분은 언제 만나도 산소 같다. 그리고 무엇보다 마음이 편안하다. 허물은 덮어주고 격려와 배려가 넉넉하다. 또한 이해심도 많다. 발가락이 나온 양말을 신고, 실밥이 터진 옷을 입어도 허물없이 대해주실 분이다. 주변머리가 없어 이야기가 횡설수설해도 경청해 주시고, 충고에 인색하지 않다. 화가 머리끝까지 나도 미소 띤 그분 앞에 서면 눈 녹아내리듯이 화가 가라앉는다. 그러니 어찌 만남을 주저 하겠는가. 뵙고 나면 내 마음에 곡식이 채곡채곡 쌓이는 것 같은데.

주위 많은 사람에게 존경을 받기란 쉬운 일이 아니다. 그런데 그분은 세인들의 사랑을 받는다. 곰곰이 생각해 보니 언제나 한결같은 성품 때문이 아닌가 싶다. 한 나라의 대통령이 되겠다는 사람도 상황에 따라 말을 바꾸는데 그분은 변죽을 부릴 줄 모른다.

일행이 산으로 출발 한다. 계획한 대로 나는 차 안에 남았다. 비록 몸은 차 안에 있지만 마음만은 일행들과 함께하는 기분이다. 또랑또랑한 말소리도 들려오고 웃음이 어우러져 화기애애한 분위기에 발걸음도 가볍게 느껴진다. 하나같이 즐거운 표정들이다. 난데없이 다람쥐 한 마리가 나타나 이 나무 저 나무를 옮겨다니며 재롱부리는 모습에 웃음보가 터진다. 다소곳이 핀 들꽃 한 송이에 모두의 마음이 모이기도 한다. 두런두런 나누는 이야기 소리와 발자국 소리가 어우러져 화음을 이룬다. 앞서 걷던 사람의 "저기 좀 봐"하는 소리에 모두의 시선이 한곳으로 모인다. 나무에 불이 붙은 것 같다. 말간 햇살에 투영된 홍단풍잎에서는 금방이라도 붉은 물감이 뚝뚝 떨어질 것만 같다. 그들도 숲으로 스며들어 홍단풍나무가 된다. 이렇듯 나는 차 안에서 가을 산을 만끽한다. 차창 밖의 풍경들에 눈이 시리다. 마음 같아서는 자연 가까이 가고 싶지만 훗날을 위해 오늘은 자제를 한다.

일행들이 산을 내려온다. 가슴속에 풍선을 하나씩 안고 있는 표정이다. 그 모습들을 보니 내 가슴에도 풍선이 한껏 부풀어

오른다. 함께 하는데 의미를 두고 무리를 해서라도 함께한 것이 흐뭇하다.

　식탁에 둘러앉았다. 그분의 마음만큼이나 음식들이 푸지다. 정담이 오고 간 건배 잔을 든다. 일행의 표정이 하나같이 밝다. 남편의 걱정을 무릅쓰고 함께한 내 기분도 흡족하다. 함께 산에 오르지 못한 이유를 밝혔다. 모두들 나를 걱정한다. 하지만 나는 건강하다. 더불어 삶의 지혜와 사람 사는 세상의 이치를 하나라도 배워갈 수 있다면 그것으로 족하다.

　헤어지는 아쉬움을 하늘도 알았을까? 빗방울이 하나둘씩 떨어진다. 다음 모임을 기약하며 일행이 차에 오른다. 빗방울이 굵어진다. 그분의 모습이 보이지 않을 때까지 손을 흔든다.

종합 도시락

 로타리 회장 총무 모임에서 해남 달마산으로 등산을 갔다. 점심을 지역별로 준비했는데 빙 둘러 앉아 펼쳐 놓으니 각 지역의 예술품이 모인 것 같았다. 서로의 기호에 맞는 음식을 나누어 먹으며 정담도 오갔다.
 "그 김치 이리 좀 주시오."
 "근디 이것은 어느 고을 것이다요. 참 맛있소잉."
 "아따 무슨 떡이 이리 입맛을 당긴다요. 배가 부른데도 한정 없이 들어가요." 평소에 자신이 떡을 이렇게 잘 먹는 줄 몰랐다는 모습에서 인정을 보았다.
 모임은 사람들의 결속력을 다지는데 한몫을 한다.
 "어이, 그 밥 이리 주소. 이거 가져가면 버리는데 아깝지 않은가." 한 덩이 남은 밥까지도 비웠다. 암벽의 줄을 잡고 오른 곳이 한두 군데가 아니었는데 어찌 남은 음식이라고 버릴 수 있느냐는 뜻이 담겨 있었다.

'아름다운 사람은 머문 자리도 아름답다'는 글귀를 휴게소 화장실에서 보았다. 우리 로타리안은 행동 속에 그 글귀가 있다. 봉사는 생활에서부터 실천하는 것임을 대변해 주었다.

아름답다는 것은 배려가 으뜸이 아닌가 싶다. 건강이 좋지 않아 힘들어 하는 회원을 포기하지 않고 끝까지 함께할 수 있도록 격려해 주는 모습에서 겸허함을 배우고 익히는 산교육장이었다. 그리고 또 다른 나를 발견했다. 산에 오를 때는 앞서가야 힘이 덜 든다고 언제나 앞장서서 갔는데 일행에게 배려하지 못한 것을 오늘에야 깨달았다. 베품은 작은 것에서 비롯됨도 가슴으로 느낀 등반이었다.

시간적인 여유가 있어 '다산' 유배지를 둘러보고 간 것이 마음을 비우는데 많은 도움이 됐다. 하늘만 보이는 곳에서 나무의 숨소리를 들으며 한양에 두고 온 가족에 대한 사무친 정을 달래야 했을 고독. 그 고독이 집념의 산실이 되고, 그 산실에서 태어난 작품을 어찌 온전한 마음으로 읽을 수 있단 말인가. 그분의 작품을 접할 때면 바람소리가 들리는 듯 했는데 이제는 마음에 끓는 정까지도 느낄 것 같다.

아무리 힘든 일이 있어도 유배지에서의 외로움만큼이나 견디기 어려웠을까? 마음 조금 비우면 될 것을 그 비움을 포기하지 못해 받은 상처가 하나 둘이 아니었다. 비우고 기다림을 깨우친 오늘의 산행은 좀 더 낮은 자세로 봉사하며 살라는 자연의 가르침까지도 가슴으로 안았다.

숨이 가빴다. 절벽이 앞을 가로막았다. 그래도 나는 오를 수 있고, 함께 할 수 있다는 자신감으로 위를 쳐다보고 아래도 바라보았다. 위에서 아래를 보면 내 존재가 커 보이고, 아래에서 위를 쳐다보면 하찮게 보이는 것이 사람의 마음인가. 부족함을 깨닫고 노력하며, 무지함을 탓하지 않고 사람들과 어울려 사는 방법을 산에 올라 생각했다.

자연은 늘 스승이다. 그 스승의 가르침을 겸허히 받아들일 줄 알아야 한다. 오늘 등산에 동참한 로타리안들은 자연을 벗할 수 있는 사람들이 아닌가 싶다. 더불어 우리는 함께라는 것까지도.

산에 오르기 전 주차장에서 막걸리 한 잔으로 몸을 풀었다. 그런데 나무가 달리기를 했다. 가지들은 춤을 추고 손에 잡힐 것 같은 가지를 잡으려고 허공으로 손을 뻗었다. 한참을 막걸리 한 잔에 시달리고 나니 내 존재에 대해 생각의 틀이 잡혔다.

하산해 주차장에서 또 막걸리 한 잔과 맞닥트렸다. 그러나 이번에는 손을 선뜻 내밀지 못했다. 나무와 한참을 달리기한 기억에 사로잡힌 것이다. 그때 내 안에서 '왜 떨치지 못하느냐'고 나무랐다. 얼른 잔을 들고 막걸리 한 잔을 받아 마셨다. 회 한 점도 곁들였다. 나무가 달리지 않았다. 나뭇가지도 춤 추지 않았다. 정상에서 아래를 바라보며 구름 속에 갇힌 산야에 보냈던 내 마음을 되새겼다. '그래, 함께 할 때 하나가 되는 거야.'

오늘 산행에서 터득하고 깨달은 마음을 실천하고 베푸는데 인색하지 않으리라. 그동안 내 탓이 아니라고, 내가 했으면 더 잘 했을 것이라는 자만심이 얼마나 많았던가.

종합 도시락이 눈앞에 펼쳐진다. 남도의 사투리와 함께 맛있게 먹는 로타리안들의 모습들이 다가온다. 그 모습 속에서 내가 할 일을 찾아본다. 그리고 실천으로 옮길 것을 다짐한다.

스카프

　창문에 비친 감나무 가지에 잎이 살랑살랑 움직인다. 그 작은 움직임이 좋아 밖으로 나왔다. 빨랫줄에 널린 옷들이 춤을 춘다. 그 중에서도 단연 스카프의 나풀거림이 시선을 끈다. 그렇지 않아도 친구에게 가을에 어울리는 스카프 하나 선물하고 싶었다. 말없이 묵묵히 일을 도와준 고마움에 대한 보답이다. 친구는 가을 수확 철이면 아침 일찍부터 우리 집에 와서 들것과 집게를 챙기고 손수레를 끌었다. 다른 일은 할 줄 몰라도 벌레 먹은 밤 고르는 일만은 자신이 있다며 밤을 선별해 주곤 했다. 고양이 손이라도 빌리고 싶은 농사철이면 손이 느려도 혼자 하는 것보다 나을 것이라며 마늘이며 양파도 심어주었다.

　아무리 농기계가 발달 해도 쭈그리고 앉아 하는 일이 있다. 마늘과 양파를 심고 밤 선별하는 일이 그렇다. 친구가 하는 일은 대부분 쭈그리고 앉아 하는 것이다. 안 하던 일을 하고 나면 다음 날 다리가 무겁고 허리가 뻐근해 일어나기가 힘들다며 새벽같이 전화로 내 안부를 물었다. 어디 아프지 않느냐고. 그리고는 반찬을 장만해 갖다주었다. 밥 먹을 시간도 없는데 언제 반찬 만들 시간이 있겠느냐고 했다. 일이 고되니 영양 보충이라도 해야 한다며 우리 할머니처럼 내 옆에 앉아 반찬을 밥 위에 얹어 주는 정 깊은 친구다.

 일도 하지 않고 자랐는데 일 속에 묻혀 살면서도 즐기듯 사는 내 모습이 친구는 연구 대상이라고 했다. 뭣이든 도와주고 싶어 하는 친구에게 쉬지 뭣 하러 와서 방해만 하느냐고 하면 말동무라도 해주면 심심하지 않을 것이라며 고된 마음을 풀어주었다.

 초등학교 다닐 적 친구는 학교에서 돌아와 소를 먹이러 갈 때 내가 삶은 감자 하나 준 것으로 배를 채웠다고 했다. 감자를 살며시 손에 쥐어 준 정이 어제의 일인 듯 선명하다며 지금도 고마워한다. 자랄 때 끼니를 제대로 먹지 못한 것도 서러운데 첫아이를 낳고 먹을 것이 없어 물로 배를 채웠다며 그때 부은 부기가 빠지지 않고 살이 되었다고 한다. 살이 찐 후부터는 조금만 움직여도 땀을 많이 흘린다며 마른 내 체형을 부러워한다.

 둘이 같이 길을 걸으면 나는 덥다고 느끼지 않는데 그녀는 구슬 같은 땀을 흘린다. 평소에 운동을 하지 않아 몸이 부실하다고 핀잔을 주면 어릴 때부터 배를 많이 곯아 그런다고 했다. 포동포동한 팔뚝을 가리키며 부실한 몸에 웬 살이냐고 하면 더위에 부은 것이라며 너스레를 떨었다. 조금만 움직여도 땀을 주체하지 못하는 친구는 그래서 여름이 싫다며 가을을 손꼽아 기다렸다.

 살랑살랑 부는 바람이 미적거리는 더위를 몰아갔다며 호탕하게 웃는 웃음소리와 함께 가을이 달려오는 것 같다. 외출을 싫어하면서도 우리 집에 오는 것만큼은 주저하지 않은 친구에게 스카프 두르고 집에서라도 나들이 기분을 느끼게 해주고 싶다. 일손을 도와준 친구에 대한 고마움은 늘 내 마음 언저리에 있었다. 그러면서도 표현하는데 서툴고 칭찬에 인색했다. 무뚝뚝한 나와 같이 일을 하면서 때로는 자존심이 상할 때도 있었으련만 늘 웃는 얼굴로 내 곁에 있어 줘 고맙다고 이 지면을 빌어 그 동안의 내 마음을 전하고 싶다.

 "표정만 보고도 내 상황을 알아차리고 도와주어서 정말 고맙다. 내 소중한 친구야, 우리 건강은 꼭 지키자."

 자신을 종합병원이라고 말할 정도로 친구의 건강이 좋지 않다. 우리 집에 올 때는 평소 절대 무리하지 말라는 의사의 당부를 무시하고 온다는 친구에게 무엇이라도 해주고 싶다.

 발품 팔지 않고 집에서도 단풍 구경을 할 수 있다며 두 팔을 벌리고 활짝 웃을 것 같다. 바쁜 일 마무리 하면 하루라도 친구

스카프 241

집에 가서 스카프 두른 그녀와 함께 수다를 떨고 싶다. "가을아, 어서 힘껏 달려와." 하면서.
 산들바람까지 부는 날이면 더욱 좋겠다.

사랑의 고리

시장 통에서 아이가 울고 있다. 한 여인이 그 옆에서 안절부절 못한다. 아이는 계속 무엇인가를 손가락으로 가리키며 떼를 쓴다. 행색이 초라해 보이는 젊은 엄마도 금방 울음을 터뜨릴 것만 같다. 그녀의 마음을 알 리 없는 사람들이 아이를 울린다고 나무란다. 하필이면 복잡한 시장에서 울린다는 것이다. 사람들이 하나 둘씩 모여들자 여인의 표정이 점점 더 일그러진다.

건너편에서 푸성귀를 팔던 할머니가 사람들 사이를 헤치고 여인에게 다가간다. 할머니가 그녀의 손에 "어멈, 딸아이가 갖고 싶다는 것 사 주소"하며 지폐 한 장을 쥐어 준다. 사람들이 수군거리고 누군가가 "그 할머니다" 한다.

할머니께 절을 한다. 엄마가 아이의 손을 잡자 아이가 울음을 뚝 그치고 제 엄마를 따라가면서 연신 뒤를 돌아본다. 할머니는 말없이 아이의 머리를 쓰다듬어 준다. 그리고는 당신의 자리로 돌아간다.

여인이 아이의 손을 잡고 가다 난전 앞에서 발을 멈춘다. 머리띠를 고르며 아이에게 이것저것을 씌워본다. 아이의 얼굴에 드리웠던 검은 구름이 환하게 걷히고 입이 함박만 해진다.

아이 엄마가 할머니께 거스름돈을 드린다. 그러나 할머니는 손사래를 치며 한사코 마다한다. 그러면서 아이가 먹고 싶다는 것도 사 주라고 한다. 주겠다느니 안 받겠다느니 한동안 실랑이가 이어진다. 아이의 머리에는 나비가 두 마리 앉아 있다. 아이가 팔딱팔딱 뛰면 나비도 덩달아 춤을 춘다. 나비의 춤사위 사이로 인자하신 할머니의 모습을 보는 것 같다.

아이 엄마가 튀김가게 앞에서 걸음을 멈추었다. 그리고는 손에 쥔 지폐를 주고 비닐봉지를 받아 할머니께로 간다. 할머니가 비닐봉지에서 튀김을 꺼내 한 입 베어 드셨다. 그리고는 아이와 엄마에게도 하나씩 준다. 세 사람이 웃으며 튀김을 먹는다. 사람 사는 정이 물씬 풍기는 풍경이다.

실갈치 두어 마리가 당신의 장거리 반찬인 할머니 형편에 만 원짜리 지폐 한 장은 목돈일 것이다. 의지할 자식이나 친척도 없이 혼자 외롭게 살면서 손바닥만한 텃밭을 가꾸어 그나마 가용 돈을 마련하시는 분이니까. 하지만 아무리 형편이 궁색해도 정도를 벗어나는 일이 없으며, 어려운 이웃에게 베푸는 할머니

이기에 주위 사람들로부터 각별한 사랑을 받으신다.

언젠가 그분과 함께 길을 걸은 적이 있었다. 그날도 당신의 주머니를 열어 사랑의 고리를 만들었다. 그때 나는 궁금증을 참지 못하고 "할머니 형편도 어려우면서 번번이 사람들을 어떻게 도와 주세요" 하고 물었다. 한참을 아무 말이 없던 할머니가 "빚으로 사는 사람이 할 일이 있으면 갚으면서 살아야지" 하셨다. 그분의 말씀에 의하면 자식이 없어 당신이 마지막 가는 길도 사회에 의지해야 하니 거동할 수 있는 동안이라도 남을 도우며 살고 싶다는 것이었다.

일손이 부족한 이웃에게는 일을 거들어주고, 아기를 돌볼 사람이 필요한 때에는 보모 노릇을 자청하고, 형편이 넉넉하지 못해 곤경에 처한 사람에게는 주머니를 여는 할머니. 당신 재산은 건강 하나라며 그 재산을 지킬 수 있도록 기도하며 산다고 했다. 행색은 초라해 보이고 손은 거칠어 갈퀴 같지만 누구보다 따뜻한 가슴으로 사랑을 실천하며 산다. 비록 연로하지만 잘 사는 사람, 권력 있는 사람, 젊은 사람 못지않게 최선을 다하는 자세로 살아가는 모습이 존경스럽다.

굽은 허리로 지고 온 푸성귀를 판들 몇 푼이나 될까마는 아이의 바람을 위해 선뜻 그 값을 준 할머니의 마음씀이 궂은 장마의 눅눅함을 몰아내 주는 듯하다. 어쩌면 할머니는 오늘도 비 오는 것도 개의치 않고 푸성귀를 돌보고 계실지 모르겠다. 할머니의 푸성귀 머리띠는 사랑의 고리임에 틀림이 없다.

빨간 구두

선영이가 생글생글 웃으며 내 주변을 맴돈다.
"기분 좋은 일이 있구나." 내 말이 끝나자마자
"선생님 예쁘지요." 한다.
"그럼, 예쁘고 말고. 선영이가 세상에서 제일 예쁘지."
"선생님 나 말고요." 하면서 발을 앞으로 쑥 내민다.
 사실 선영이가 차량에서 내릴 때부터 새 신발을 신고 온 것을 알았다. 오늘 새 구두를 신고 왔지만 모른 척 했는데 자랑을 하고 싶은 모양이다. 더이상 모른 척 할 수 없어
"응 선영이 빨간 구두 신었구나. 새 구두 같은데" 했더니
"아빠가 생일 선물로 사 주었어요." 하면서 함박꽃처럼 웃는다.
 생일 선물, 내가 어렸을 때는 따로 선물은 상상도 할 수 없었다. 밥 색깔이 달랐고, 평소에는 먹지 못했던 귀한 반찬 몇 가지

가 더 오르면서 생일상의 밥그릇 주인공이 되는 것이 전부였다. 그런데 요즈음 아이들은 선물은 당연한 것으로 여긴다. 내 친구 현성이는 생일 선물은 고사하고 비가 와도 양말이 젖지 않은 신을 신어보는 것이 소원이라고 했다. 현성이는 해가 쨍쨍 뜬 날에도 복도에 발을 내딛으면 발자국이 흔적이 남았다. 신바닥이 낡은 데다 논두렁 길로 오기 때문에 이슬이나 서리에 발이 젖었다. 자기 손으로 돈을 벌기 전까지는 새 신발을 신어본 적이 없었고 헌 신이라도 좋으니 제발 바닥이 멀쩡했으면 좋겠다고 했다. 겨울이면 시린 발을 녹이려고 더 뛰어놀았다는 친구가 멀쩡한 운동화가 있는 데도 새 구두를 선물 받았다고 하면 어떻게 생각할까?

  시대가 바뀌고 생활 형편도 좋아졌으며 사고방식도 달라졌다. 그래도 변하지 않은 것은 사람의 됨됨이가 아닐까 싶다. 늘 발이 젖어 있던 현성이는 자수성가했다. 신발에 한이 맺힌 친구는 손주들에게 신발을 직접 사서 준다고 했다. 한 가지 기준을 정해 놓고 말이다. 명절이나 생일 선물이 아닌 시설의 어르신들에게 자원봉사나 일손 돕기를 해 일정한 점수에 이르면 신발을 사 준다는 것이다.

  선영이가 노는 모습을 보고 있자니 집에서 잠자고 있을 운동화가 궁금해졌다. 한참을 미끄럼틀을 타고선 내 옆에 앉더니 구두에 묻은 먼지를 손으로 닦는다.

"선영아 헌 운동화는 언제 신을 거야." 했더니 대답이 시원시원하다.

"이 구두는 어린이집에 올 때만 신고 집에 가서 심부름을 하거나 아파트 놀이터에 놀러갈 때는 운동화를 신을 거예요." 하면서 빙긋이 웃었다. 괜한 걱정을 했구나 하는 미안함에

"빨간 구두가 선영이한테 참 잘 어울린다. 발이 예뻐서 그런가."

"응 우리 아빠도 선생님처럼 말을 했는데." 하며 구두를 쓰다듬는다.

어려도 마음과 정신이 건강한 아이다. 선영이 아빠도 한 달 전에 사준 운동화를 모를 리 없었을 것이다.

선영이는 평소에도 예쁜 행동을 한다. 친구가 물을 먹다 흘리면 휴지로 닦아주고, 체험학습을 가면 어린반의 아이들도 곧잘 살펴주었다. 아빠도 이런 아이가 기특해 생일 선물로 빨간 구두를 사 줬는지 모른다.

갑자기 오늘이 며칠인지 궁금해진다. 이즈음이 딸의 생일인데 곧 태어날 손주의 신을 생일선물로 신발을 사주고 싶다. 건강하게 자라 선영이처럼 마음이 예쁘고, 내 친구 현성이처럼 자립심이 강한 아이로 잘 자랐으면 하는 바램과 함께

■ 평론

경계의 사유 혹은 사유의 경계

배귀선

1. 일상 혹은 일상성의 내면화

정열 또는 에너지를 의미하는 에네르기는 정신과 육체의 분리이거나 개별이 아닌 조화를 전제로 한다. 이는 인간 실존의 문제로써 삶의 조건이 되는 동시에 문학의 조건이 되기도 한다. 문학에서는 일상적 현상에 의미를 부여할 때 가능해지는데, 시선과 사유에 따라 그 일상은 특별함을 배면하기도 하고 현상 그대로 인지되기도 한다. 이 지점에 이임순 수필의 일상 혹은 일상성의 내면이 자리한다. 말하자면 이임순 수필에 투사된 사유는 일상의 평범함을 바탕으로 脫일상을 추구하는 데서 비롯된다. 그러니까 일상의 소소한 사건들을 소재로 의미화 과정을 거쳐 의식의 변화를 추동하는 그녀의 수필은 경계의 사유를 통한 일상에서의 내면 찾기인 셈이다.

　일찍이 스탕달은 《적과 흑》에서 19세기 초 프랑스의 귀족사회에 흐르는 권태를 지적한 바 있다. 그에 따르면 권태란 일상에 내재한 에네르기를 소거한 상태로 삶에 대한 열정 혹은 창조적 에너지의 상실을 의미한다. 정열이 충만한 사회는 창조적 에너지를 분출하기 마련인데 권태가 이를 가로막는다는 점에서 권태야말로 사회를 좀 먹는 병적 인자라고 해석한 것이다. 이를 전제로 봤을 때 이임순 수필을 관통하는 일상의 에네르기는 권태와 대척되는 위치에 있으며 그녀에게 일상은 문학적 사유를 확장하는 키워드라 할 수 있다. 그녀가 언어로 주조한 일상 혹은 일상성을 반영한 소재들은 관성과 타성의 지배로부터 탈각되어 있으며 의미화를 통해 문학의 공간으로 이행하면서 다양한 삶의 기의들을 적층한다. 일테면 일상이 자칫 잡다한 신변잡기나 권태로 흐를 수 있음에도 이를 극복할 수 있었던 것은 삶과 문학적 진리의 연결에 따른 의미의 연쇄에 기인하며, 단순하면서도 단순하게 읽히지 않는 것 역시 화소 너머의 진실을 호명하기 때문일 것이다.

　이임순은 《과수원지기의 향기》, 《붉은 장미울타리》, 《봄이 오는 소리》 등의 수필집을 이미 상재한 바 있다. 이로 미루어 그녀의 작품 세계는 소소한 것들이라 할지라도 그냥 흘려보내지 않고 대화를 청하는 에로스적 물음에 근간을 두는 것 같다. 물음을 멈추지 않음으로써 삶의 에네르기 혹은 의식의 내면화를 구가하고 있는 그녀의 네 번째 수필집《봄날의 꿈》은 대상을 비틀어 보거나 낯설게 봄으로써 시선의 전도를 염두에 두기보다는 자연의 흐름에 순응하는 방식을 취한다. 일테면 가족, 동식물, 이웃 등 일상생활에서 자주 접하는 대상을 소재로 차용한다. 이처럼 이임순은 일상적이고 소소한 것에서 존재의 의미를 찾고 이미지화하거나 성찰적 주제를 양각화 하는데, 이때 일상에 투영된 삶의 의미와 가치는 그녀의 수필을 관통하는 사유의 원류로 기능한다. 이임순의 이 같은 글쓰기 방식을 염두에 두고 네 번째 작품집《봄날의 꿈》에 나타난 주제와 이미지의 조응에 대한 징후를 살피고 이어서 관계의 울타리와 배려의 윤리 그리고 의미의 연쇄 측면에서 톺아보고자 한다.

2. 주제와 이미지의 조응

수필은 다분히 주제 문학이라는 장르적 특성을 지닌다. 물론 시, 소설, 희곡 등 여타 장르 역시 주제의 구현과 의미화를 통해 독자와 소통하기 마련이다. 이때 주제를 드러내는 방식에서 차이가 있는데, 수필은 경험 사실을 바탕으로 한다는 특성 때문에 상상력이 자유롭지 못하다는 한계를 지니기도 한다. 이러한 이유로 수필은 상상과 허구의 경계에서 늘 논쟁의 대상이 되었다.

이 같은 현상은 수필의 생래적 한계일 수도 있겠으나 그것을 어떻게 언표, 언술화 하느냐에 따라 여타 장르적 기능을 수용할 수 있기에 역설적이게도 소재 또는 기표적 스펙트럼은 다양하다 할 것이다. 이는 여러 유형의 글쓰기가 요구되는 현대의 아이콘으로 부상되는 지점이기도 하다. 이임순의 작품 곳곳에 나타난 이미지는 주제를 드러내기 위한 장치로서 수필의 한계에 균열을 가하며 가능성의 지표를 제시한다. 바슐라르는 상상력의 근원이라는 맥락에서 이미지의 원초성을 언급한다. 그는 이미지를 의식 표층이나 표면을 흔들기에 앞서 내면 심층에 반향과 울림을 일으키는 존재 전환의 한 요소로 인식한 것이다. 이처럼 이미지는 수필에서도 정서적 환기는 물론 주제를 확장시키는 역할을 하기도 하는데, 상상력의 근원이라 할 수 있는 이미지와 주제의 상관관계의 통로가 다음 작품에 드러난다.

아무리 열심히 걸어도 허둥대기만 할 뿐 회원들과의 거리는 점점 멀어만 졌다. 거리를 좁히기 위해 달려도 속력이 나지 않았다. 되레 넘어져 피투성이가 되어 상처만 생겼다. (중략) 너무 작은 모습을 감추기 위해 억지로 부풀리거나 가면이라도 쓰면 그들은 여지없이 나의 허물을 들추어내었다. 그리고는 매질을 해댔다. 연한 살에 상처가 나도 매질은 이어졌고 내가 나의 모습을 어렴풋이나마 보게 될 때 매질이 멈추었다. 상처로 얼룩진 몸은 가누기조차 힘이 들었다.

- 〈글쓰기의 시작〉에서

　대개 주제는 직접 드러내기보다는 직유와 은유 또는 상징과 이미지 등 수사적 방법을 동원해 비유적으로 드러내기 마련이다. 이때 관념적 주제는 구체화(형상화)한다면 역으로 구체적인 주제는 관념화하기도 한다. 글을 쓰게 된 계기와 함께 문우들과의 합평회 과정에서 받은 상처를 구체적으로 이미지화한 작품으로 주제와 조응한다. 문학의 길에서 "아무리 열심히 걸어도 허둥대기만 할 뿐" 문우들과의 거리는 멀어지고 허둥댄다는 고백에 이어 자신의 "작은 모습을 감추기 위해 억지로 부풀리거나 가면이라도 쓰면" 동인들의 "매질"이 이어진다고 언급한다. 여기서 "매질"이란 신체에 가해지는 가시적 충격이 아닌 글의 형식이라든가 긴밀성 또는 완결성은 물론 어휘의 적확성에 관한 것으로 화자의 초기 작품에 가해지는 말의 매를 비유적으로 이미지화한 대목이다. 말하자면 상처 없는 상처인 셈인데, 글쓰기에 갓 입문한 화자의 "연한 살에 상처가 나도 매질은" 멈추지 않는다. 화자가 글 속에 투영된 자신의 모습을 어렴풋이 보게 되었을 때야 멈춘다. 사유의 집적물인 글에 대한 매질은 곧 화자의 마음에 가해진 상처이지만 이 상처는 상처로만 남지 않았음을 상황 이미지로 현시하고 있다. 글쓰기의 경험 사실을 통한 창작 과정의 상처는 성장을 위한 통과의례이며 과정의 연속이라는 이면 주제를 이미지화한 예라 하겠다.

어두운 데다 길인지 논인지 분간이 되지 않아 가늠으로 걷다 발을 헛디뎌 넘어졌다. 일어서서 걸으려는데 발목에 통증이 있어 기다시피 가는데 누군가 가까이 다가오는 소리가 들렸다. 놀라 오도 가도 못하고 떨고 있는데 노루가 경중경중 오다 나를 보고는 오던 방향으로 숨차게 뛰어갔다.

- 〈빛바랜 종이 한 장〉에서

서랍을 정리하던 중 〈빛바랜 종이 한 장〉을 발견한 화자는 접혀 있는 기억의 페이지를 펼친다. 문학모임에 참석하기 위해 집을 나설 땐 쾌청했던 날씨가 귀가를 할 즈음 갑자기 폭설로 변해 버스 운행이 정지된 상태에서 역驛으로 가려는 사람들로 택시 승강장은 인산인해다. 어렵사리 합승 택시가 출발했지만 그마저 중도에 운행을 멈춰 걸어서 驛에 도착한다. 그러나 열차도 멈춘 상황이어서 다시 택시에 도움을 청한다. 하지만 폭설로 인해 얼마 가지 못하고 도로에 내려 집까지 걸어가야 하는 상황에 처한다. 엎친 데 덮친 격이라는 말에는 돌발적 상황이 전제된다. 삶 속에서 경험할 수밖에 없는 정황이 화자의 사유를 통해 독자로 하여금 간접 경험하게 함으로써 문학적 기능을 염두에 둔 이 작품 속 화자는 "길인지 논인지 분간이" 안 되는 상황에서 기어 가다시피 간다. 그런데 저만치서 무언가 다가오는 소리까지 들려 온다. 두려움으로 "오도 가도 못하고" 있는데 다가오던 노루 역시 화자를 보고 도망간다. 이처럼 이임순의 필력을 통해 현시된 경험 이미지는 현재를 묻는 아포리즘적 주제로 변환된다.

> 금방이라도 비가 쏟아질 것 같았다. 서둘러 비설거지를 했다. 빨랫줄에 널린 이불을 집안으로 들이고, 마당에 고추를 걷으러 달려가는데 신발이 한 짝 벗겨졌다. 급한 마음에 한 발은 맨발인 채로 비설거지를 하는데 평소에는 몸에 맞던 몸뻬바지가 흘러내렸다. 허리춤을 움켜쥐고 달리는데 한 쪽 신마저 벗겨졌다.
> ― 〈마음속에 내리는 비〉에서

"금방이라도 비"가 내릴 것 같아 다급하게 비설거지하는 서두의 장면이 선명한 이미지로 다가온다. 그렇게 허겁지겁 비설거지를 마쳤지만 어느새 먹구름은 사라지고 불볕더위에 식물들이 말라가는 것을 보며 비를 기다리는 간절함이 헛것이라도 보게 한 것 같아 허탈하다. 결국 화자는 정원의 나무들과 텃밭의 말라가는 식물들에게 수돗물을 뿌리면서 텃밭의 식물들이야 자신의 수고로 갈증을 해소하지만 들판의 곡식들은 어이할 것인지 염려한다. 이 작품의 결미를 관통하는 주제는 "유비무환"이지만 여기에는 상생의 미학 또한 집적되어 있다. 근대 계몽이성 담론의 하나인 이원론적 사고에 마침표를 찍는 것으로써 탈근대에 대한 염원을 가능하게 하는 이 전개는 지배와 피지배를 무화시키는 잠정적 사유를 소환함으로써 상생을 도모한다. 결국 이 같은 사유는 현재를 살아가는 독자에게 무언의 질문을 던지게 되는데 이 과정에서의 이미지는 주제를 드러내는 데 상당한 역할을 한다. 말하자면 이미지의 선명도에 따라 주제의 명암이 달라진다는 것을 보여주는 작품이기도 하다.

3. 情, 관계의 울타리

보편적으로 울타리는 대상을 위험으로부터 보호하는 가시적 차원의 보호 기능과 거주 공간으로서 묵시적 정情의 공간이 되기도 한다. 더하여 상상의 공간이기도 하다. 과학 철학자 바슐라르는 공간에 대해 언급하면서 집은 인간에게 안정의 근거이자 새집 같은 보금자리 혹은 내밀한 구석의 공간을 꿈꾸게 하는 상상의 공간으로 이미지들의 집적체라고 말한다. 이임순 수필에 나타난 情의 세계는 상상력의 근원인 원초적 이미지로서 집이라는 울타리가 지닌 공간적 이미지의 굴절이나 왜곡이 아닌 그 세계에 던져진 실존으로서 인간 삶의 뿌리와 연계한다. 말하자면 울타리는 나와 타자, 가족 등 인간관계를 매개하는 기능을 함의한다는 점에서 情의 공간을 상징하기도 한다. 가족의 일상과 생명을 보호하는 중심 공간으로서 거주의 의미를 산출하며, 情이라는 코드에 의해 관계의 개방성을 내포한다. 즉, 울타리는 일차적으로 보호와 거주의 중심 기능을 실현하고 나아가 주체와 타자의 경계를 허무는 관심과 관계의 울타리로서 情의 공동체적 의미로 확장된다.

　　이웃도 없는 독가촌에서 과수원을 하며 외로이 살기에 우리 가족은 서로가 서로의 소중함을 안다. 그러기에 가족은 작은 것도 나누고 배려하면서 끈끈한 정으로 엮어진 울타리라는 생각을 해본다.
　　　　　　　　　　　　　　　　　　　　　　　- 〈울타리〉에서

　　집안에 딸과 화자만 있게 되자 임지로 발령을 받은 남편과 군대에 간 큰아들, 그리고 수학여행 간 작은아들이 별일 없는지 묻는 장면을 통해 울타리가 지닌 의미를 심층화한 작품이다. "이웃도 없는 독가촌에서 과수원을" 운영하는 화자의 가족들은 가족이라는 공동체의 의미를 누구보다 잘 알고 있기에 "작은 것도 나누고 배려하면서 끈끈한 정으로" 엮어져 있다. 최근 경북 봉화 광산에 221시간 동안 매몰되었다가 구조된 두 광부의 춥고 어두운 공간이 희망의 공간이 될 수 있었던 것은 절망의 순간에도 서로 격려가 되어준 끈끈한 情을 배면한 희망이 있었기에 가능한 일이다. 공동체에 침윤된 情이라는 무형의 인간애가 있었기에 가능한 일로써 작품 속 울타리 또한 情과 그리움이 거하는 공간이다. 더불어 情을 매개로 세워진 가족의 울타리 의미가 가볍지 않은 것은 현대 사회가 지닌 현상 때문이기도 하다. 산업화와 기계화에 따른 가족 형태의 변모라든가 가족 구성원의 변화로 인한 가족해체가 사회 문제를 야기하는 것은 물론 인간애 상실이 염려되는 시기에 '가화만사성'이라는 어휘를 반추하게 하는 이 작품은 일상의 삶이 어떻게 에너지화 되는지와 되어야 하는지를 생각하게 한다.

  먹이도 거부한 채 눈만 말똥거리며 나란히 앉아 알을 품을 때처럼 어미닭 두 마리가 병아리들을 거느리고 마당을 활보한다. 한 마리는 앞에서 병아리들을 이끌고 다른 한 마리는 뒤에서 살피며 걷는다. 말만 못 할뿐 어미의 본능은 사람 못지않다.
                 - 〈두 어미〉에서

닭의 포란 과정과 생육과정이 인간과 다르지 않음을 언급한 이 작품은 코드화된 과학적 시선으로만 인지했다면 문학이 될 수 없었을 것이다. 다행히 화자는 알을 품는 "두 어미"의 모습을 있는 그대로 보지 않고 인간의 일로 치환한다. 예컨대 하나의 보금자리에 두 마리 닭이 포란하는 과정과 생육 과정을 모성과 대입하는 것이 그것이다. 이는 유사성과 동일성에 기인한 비유적 언술에 상응하는 것으로 작가의 대상의식이자 세계관일 것인 바, 일차적으로 동일화 원리가 작동한 예다. 하지만 비유가 그렇듯이 동일화 못지않게 차이성의 원리를 배재할 수 없다. 말하자면 같으면서도 다른 두 사물의 특성을 비견하는 비유적 언어는 연합적 성격을 띠기 때문이다. 이임순의 작품에 드러난 비유 역시 동물의 행동을 사람의 일과 비견했으나 여기에는 행위의 유사성과 인간과 동물이라는 차이성 역시 존재한다. 이 같은 비유적 언술을 통한 긍정적 결미는 동물과 인간 사이에 형성된 경계의 무화에서 비롯된 것인데, 이때의 울타리는 획정된 공간으로써의 기능이 아니라 종을 초월한 공동체의 공간으로의 변환을 염두에 둔다. 이로써 울타리는 역설적이게도 경계가 소멸되는 공간으로 유의미화되기도 한다.

　　그동안 녀석은 한 마리의 개가 아닌 우리 가족이었나 보다. (중략) 요즈음 부쩍 현이 엄마가 생각난다. 넉넉하지 못한 형편에 아들만 셋인 그녀는 막내를 가슴에 묻었다. 병원 문 앞에도 가보지 못하고 아들을 잃은 그녀는 멍하니 먼 산을 바라보기 일쑤였다. (중략) 반갑고 좋은 일이 있을 때면 먼저 간 아들 생각에 속울음부터 삼킨다는 것이다.

　　　　　　　　　　　　　　　　　　　　- 〈상처 보듬기〉에서

풀 한 포기도 우주의 인연에 따라 오고가는 것임을 생각해 볼 때 가족 같던 개의 죽음은 화자에게 큰 상처일 것이다. 개 짖는 소리를 그리워하던 화자는 자신의 상처에 머물지 않고 아들을 가슴에 묻고 슬퍼하던 "현이 엄마"를 떠올린다. 자아의 상처는 상처로 머물지 않고 이웃을 돌아보는 매개로 작동한다. 그 대상은 아들을 잃은 지인이다. 말하자면 자신의 상처를 통해 지인의 상처를 위로하는 안과 밖의 변증법적 사유가 자연스럽게 발생되는데, 여기에 기저된 관계와 관심은 결국 "먼저 간 아들 생각에 속울음부터 삼킨다"는 지인을 위해 막걸리와 안주를 사들고 위로의 걸음을 놓는다. 이때 이웃(타자)의 상처를 보듬기 위해 걷는 발걸음이 더 무거운 것은 개의 죽음을 경험하기 이전과 이후의 심리적 이격 때문이다. 이는 심미적 판단이 지닌 보편타당성을 이론적으로 정당화하기 위해 칸트가 명명한 '반성적 판단'의 한 유형일 것인 바, 보편과 특수 관계 차원에서 화자의 심리적 변화는 작품을 통해 경험 이전과 경험 이후로 나뉘어 현상된다. 울타리 안에서 겪는 일상의 관계에서 울타리 밖의 관계로 情의 코드가 확산된 예로 삶과 죽음에 대한 성찰적 이미지가 독자로 하여금 관계의 삶을 돌아보게 한다.

말간 햇살에 투영된 홍단풍잎에서는 금방이라도 붉은 물감을 뚝뚝 떨어뜨릴 것만 같다. 그들도 숲으로 스며들어 홍단풍나무가 된다. 이렇듯 나는 차 안에서 가을 산을 만끽한다. 차창 밖의 풍경들에 눈이 시리다.

- 〈정 때문에〉에서

다리 수술 후 쉬어야 한다는 의사의 말에도 불구하고 계획했던 산행에 참석하기로 한 화자는 자신의 행위에 대해 情 때문이라고 언급한다. 정이란 마음의 작용으로 이지理智적인 것 혹은 오성悟性 영역과는 다른 내적 의지의 반영으로써 심리적 현상을 뜻한다. 이 같은 의지는 일찍이 '코나투스'라는 개념으로 데카르트, 스피노자, 홉스 등을 비롯 여타의 철학자들에 의해 심리철학과 형이상학 분야에서 발전해왔다. 인간이나 사물이 행하는 의식 작용(운동)으로서 코나투스는 자기의지(노력)를 말한다. 예컨대 화자가 정 때문에 산행에 참석하는 것이라든가 등반을 할 수 없어 차 안에서 바라본 단풍잎에서는 "금방이라도 붉은 물감"이 떨어질 것 같다는 화자의 심리도 이러한 의지에 따른 결과라 할 수 있다. 일행의 모습이 "숲으로 스며들어 홍단풍나무가 된듯하다"는 데서는 사람과 자연의 구별이 무화된다는 사유 역시 코나투스적 인식의 한 단면일 것이다. 이러한 자기의지 작용에 따라 동행한 화자는 관찰자의 입장에서 산행을 즐기는데, 이처럼 화자의 일상을 엮어주는 이임순의 작품에 투사된 관계의 울타리는 인간관계의 울타리를 넘어 무정물 혹은 자연과의 관계로까지 확산된다.

4. 배려의 윤리와 의미의 연쇄

이임순의 관계의 울타리 너머에는 배려의 윤리와 의미의 연쇄가 일상을 관통하며 자리한다. 배려는 감나무 가지에 남은 몇 알의 까치밥을 통해서도 드러나고, 영화《피아니스트》에서 캐러멜 하나로 여섯 명의 가족이 나누는 장면에서도 현시된다. 이는 《맹자》,〈공손추〉 편에 나오는 사단四端 중 사양지심에 닿은 맥락으로 인간이 인간인 이유를 드러내는 유가의 원자적 개념인 仁의 뿌리이기도 하다. 물론 유가 사상이 목적론적이고 본질적 세계를 이상으로 삼는다는 점에서 어떤 기준을 설정하게 되고 이 기준으로부터 이분법의 논리가 배태된다는 점을 간과할 수는 없을 것이다. 그렇다하더라도 이러한 배려의 윤리는 의미의 정체가 아닌 의미의 연쇄와 확산을 유도 한다. 내가 나 없음이 될 때 가능해질 수 있는 것으로써 배려는 자기에 대한 배려와 타자에 대한 배려의 측면에서 접근할 수 있을 것인 바, 이 지점에서 푸코의 '자기 배려 주체 담론'과 관련지어 볼 수 있겠다. 푸코는 윤리의 문제가 진실에 관한 문제를 다루어야 한다고 강조한다. 즉, 윤리적 차원에서 자기 배려 주체는 진리 자체를 탐구하기보다는 실천적 차원의 문제에 인접하며, 자연적 인간이 사회적 존재로 자각하고 자기를 돌보는 '배려 주체'라고 보는 것이다. 이러한 맥락에서 이임순의 수필에 나타난 자기 배려 주체와 타자를 향한 배려의 접점을 해명할 수 있다. 두 줄기의 배려가 열차의 레일처럼 의미의 연쇄 과정을 거치기 때문이다.

> 나이와 마주 앉는다. 그리고 또 한 살의 나이를 보탠다. 새로운 숫자의 나이는 어설프기 짝이 없는 맨몸이다. 이제부터 나의 새 나이에 새 옷을 입혀야 한다. (중략) 눈에 익지 않은 옷에는 향기가 없는데 땀 냄새 물씬 풍기는 옷에서는 삶에 맛이 흠뻑 묻어 있다.
> ― 〈나이에 새 옷을 입히자〉에서

"나이와 마주 앉는다"는 것은 현상적으로 불가능하지만 문학적 상상에 의해 가능하다. 시선을 붙잡는 이 문장은 보편성과 근원 회귀성(요나적 공간)에 즈음한 객관적 이해에 따른 독자성을 함의하고 있다. 때문에 작가가 아니더라도 쉽게 이해할 수 있으며 "나이"와 마주 앉을 수 있다. 화자는 새해 새로운 숫자에 맞는 새 옷을 입혀주고자 한다. 이는 인식 주체인 자기를 향한 배려의 한 형태라 할 수 있을 것인데, 화자는 우선 현상적 배려로서 신체에 잘 어울리는 옷을 언급하기도 하고 화려한 옷과 허름한 옷을 비교하기도 한다. 이때 "눈에 익지 않은 옷에는" 삶의 향기가 없는 반면 허름하고 편안한 옷과 일상의 "땀 냄새"가 배인 옷에는 삶의 향기가 배어 있음을 언급한다. 사유는 여기에서 멈추지 않고 현상학을 매개로 "상대방을 배려할 줄 아는 마음의 옷"이 가장 아름다운 옷일 것이라는 결론을 추동한다. 일테면 자기에 대한 배려에서 타자에 대한 배려로의 확장을 염두에 둠으로써 나이에 맞는 옷이란 배려의 옷이라는 확산적 의미화에 방점을 찍는다.

> 정빈이의 배려하는 마음은 또래들보다 먼저 가슴에서 터를 잡았다. 어려서부터 벌써 배려하는 마음을 기르는 정빈이는 나눔의 문화도 익히는 중일 것이다. 형 노릇하면서 자연스레 익히는 배려 그 자체가 나눔이고, 그 나눔이 머지않아 이웃으로도 점점 확산도 될 것이다. 배려와 나눔의 문화, 그 문화가 집집마다 일었으면 하는 바람이다.
>
> - 〈형 노릇〉에서

논어 안연 편에 나오는 '君君 臣臣 父父 子子'라는 구절이 떠오르는 작품이다. 예로, 사람은 저마다의 유전적 형질을 갖고 태어난다. 유전은 선택할 수 없는 것이므로 어찌할 수 없다하여도 후천적 경험 사유를 통한 삶은 얼마든지 선택할 수 있다. 이 작품에서 눈여겨봐야 할 대목은 네 살 "정빈이"의 행동이다. 일주일 전 막내 동생이 태어난 후 세 살 동생 "현우"를 챙기기 시작한 것인데 이러한 변화는 어른의 강요에 의한 것이 아닌 자연발생적 발로로써 형다운 행동이다. 화자는 "정빈"이를 통해 존재가 각기 자신의 본분을 알고 행하는 유가적 이상 사회를 호명한다. 말하자면 각자의 위치에서 제 일을 하는 당연함이 잘 지켜지지 않는 사회의 문제를 지적한 예로 당연함이 지켜지는 사회야말로 아름답게 구조화된 사회일 것이라는 인식을 담지한다. 나아가 배려 자체가 곧 나눔이라는 인식과 함께 "정빈이"를 통한 나눔의 확산을 예견한 작품으로 이러한 문화가 가가호호 일어났으면 하는 희망을 배려의 실천 덕목에 엇걸어놓는다.

> 할머니는 시설에 들어온 후에도 간식이 주어지면 잘 먹지 않았다. 한 달에 한 번씩 찾아오는 자식들에게 그것밖에 줄 것이 없기 때문이었다. 그러다 정작 자식들이 왔을 때는 상하고 부패해서 먹지 못하는 것이 대부분이었다. 그래도 할머니는 꼬박꼬박 모은 간식을 당신의 서랍장에 넣어두고 밖에 나가셨다.
>
> - 〈뒷모습〉에서

지인의 부탁으로 토끼의 저녁 끼니를 담당하게 된 화자가 잘 먹지 않는 토끼를 보고 요양원에서 만났던 할머니를 떠올린다. A를 통해 B라는 대상을 떠올리는 구조로서 알레고리의 형태를 띤다. 두 마리 토끼 중 한 마리는 화자가 주는 음식을 잘 먹는데 다른 한 마리는 잘 먹지 않는다. 자신이 낯설어서인가 싶어 돌아 나온다. 그 모습이 요양원 실습 때 보았던 할머니의 모습과 닮아 있다. 젊은 나이에 남편과 사별한 후 3남매를 키우기 위해 공사판에서 막노동 했던 할머니는 그곳에서 간식으로 나눠주는 빵과 우유를 가방에 넣어 온다. 그 시절을 떠올리며 요양 "시설에 들어온 후에도 간식"을 주면 먹지 않고 보관했다가 자식들이 찾아오면 주곤 한다. 하지만 자식들의 손에 쥐어진 음식은 부패해서 먹을 수 없는 것이 대부분이다. 그래도 할머니는 "꼬박꼬박 모은 간식을 당신의 서랍장에 넣어"둔다. 그러니까, 서랍에 보관되는 것은 음식이 아닌 가난의 기억이며 곰팡이처럼 피어나는 사랑이다. 음식이야 부패할 것이지만 자녀들을 향한 마음과 배려의 기억은 부패하지 않을 것이라는 문학적 의미의 연쇄가 이 작품의 중심기제로 작동하면서 읽는 이로 하여금 동심원 같은 반향과 울림을 주고 있다.

굽은 허리로 지고 온 푸성귀를 판들 몇 푼이나 될까마는 아이의 바람을 위해 선뜻 그 값을 준 할머니의 마음씀이 궂은 장마의 눅눅함을 몰아내 주는 듯하다. 어쩌면 할머니는 오늘도 비가 오는 것도 개의치 않고 푸성귀를 돌보고 계실지 모르겠다. 할머니의 푸성귀 머리띠는 사랑의 고리임에 틀림이 없다.

- 〈사랑의 고리〉에서

앞의 작품 〈뒷모습〉이 가족을 향한 배려라면 이 작품은 베풂의 선한 영향력을 포괄한 의미화의 연쇄를 추동한다. 제목에서 유추할 수 있듯이 하나의 사랑이 또 다른 사랑으로 전이되는 현상을 형상화한 것으로 자신보다 타인의 고충을 먼저 헤아리는 할머니의 이야기다. 시장에서 원하는 물건을 사달라며 울고 있는 아이와 그것을 살 수 없어 난처해하는 모녀를 향해 시장 사람들의 질타가 이어질 때 푸성귀를 팔고 있던 할머니가 선뜻 아이 어머니에게 지폐 한 장을 내민다. "굽은 허리로 지고 온 푸성귀를 판들 몇 푼" 되지 않을 것임에도 불구하고 할머니는 모녀를 위해 情을 나눈다. 이때 "할머니의 마음씀이 궂은 장마의 눅눅함을 몰아내 주는" 것 같아 화자의 마음도 따스해진다. 머리핀을 산 "아이의 머리에는 나비가 두 마리 앉아 있"고 그 아이가 기뻐하는 정황이 배려의 情으로 이접되어 의미의 연쇄를 일으킨다. 삶이란 빚을 갚으며 사는 것이라는 할머니의 철학이 배려와 나눔의 정신으로 현현되고 있으며 그 나눔은 배려이거나 나눔에 머물지 않고 "사랑의 고리"로 의미의 파동을 추론하게 한다.

5. 일상에서 脫일상으로 건너가기

흔히 '벗어남', '자유로워짐'을 의미하는 脫이라는 접두어는 이곳에서 저곳으로 건너감을 함의하는 가운데 기의와 기표의 상호작용 또한 추동한다. 근대 계몽이성 담론과 사유체계에 대한 비판적 견해에서 탈근대가 소환되었던 것처럼 이임순은 일상에 대해 굴절을 가함으로써 脫일상을 추구한다. 따라서 이임순 수필을 관류하는 에네르기는 일상에서 탈일상으로 건너가는 과정에서 발생하는 것으로서 경계적 사유 또한 호명한다. 말하자면 고착이 아닌 디아스포라와 같은 경계의 긴장감에서 발원하는 탈일상적 글쓰기를 통해 평범함을 넘어서고자 한다. 이때 탈일상의 사유 운동은 균질화된 의식에 균열을 가함으로써 일어나는 반향 또는 파동의 기제이며 이는 사유의 응고를 배격하는 문학적 글쓰기의 한 지류로 작동한다. 이 과정에서 문학의 즐거움이 발생하는데, 작품에서 텍스트로의 변화를 제시한 바르트는 즐거움의 텍스트가 주체 자아의 강화에 연결되는 것으로서 지성과 감성의 논리에 종속되지 않으며, 기표의 영역인 텍스트는 탈중심적이며 의미의 닫힘이 아니라고 언급한다. 부연하자면 문학은 창의를 바탕으로 한 의미화 과정의 연속체이기에 어떤 해답을 제시하는 것이 아니라 답을 찾아간다는 것으로써 이임순의 네 번째 수필집《봄날의 꿈》역시 무미건조한 일상에 매몰되기보다 삶과 문학의 향기를 도처에 발신하고 수신한다. 때문에 이임순의 문학을 향한 에네르기는 일상에서 탈일상으로 건너가기다. 일테면 〈글쓰기의 시작〉에서 말의 매질을 이미지화해 주제를 각인하기도 하고, 가족애(〈울타리〉)를 바탕으로 이웃에 대한 사랑(〈뒷모습〉, 〈상처 보듬기〉)을 언급하는가 하면, 동생을 돌보는 형의 입장에서 배려의 정신(〈형 노릇〉)을 부각함으로써 건너감의 사유를 드러낸다. 또한 자신보다 타인을 먼저 배려하는 시장의 할머니(〈사랑의 고리〉)를 통해 관계의 철학을 배면하기도 한다. 이처럼 이임순의 수필에 드러난 일상의 오브제들은 주제의 이미지화, 관계의 울타리, 배려적 의미의 연쇄 등을 통해 삶의 에네르기를 드러낸다. 하지만 이 과정에서 주제와 소재의 긴밀성이라든가 완결성에 대한 아쉬움이 없지 않다. 한 편의 작품을 창작함에 있어 완벽을 요구한다는 것은 무리일 수 있다. 왜냐하면 문학은 완벽을 추구하는 비완벽 또는 비완결을 내장함으로써 염원되는 상징체이기 때문이다. 그렇다하더라도 완결을 향한 의식적 노력이 적층될 때 이임순의 일상에 대한 미학적 사유는 더 깊어질 것이며, 경계의 사유 또한 확장될 것이다.

이임순 수필집

봄날의 꿈

인쇄 2022년 12월 05일
발행 2022년 12월 10일

지은이 이임순
발행인 서정환
펴낸곳 수필과비평사
주소 서울시 종로구 삼일대로 32길 36(익선동 30-6 운현신화타워) 305호
전화 (02) 3675-3885 (063) 275-4000 · 0484
팩스 (063) 274-3131
이메일 essay321@hanmail.net
출판등록 제300-2013-133호
인쇄·제본 신아출판사

저작권자 ⓒ 2022, 이임순
이 책의 저작권은 저자에게 있습니다. 서면에 의한 저자의 허락없이 내용의 일부를 인용하거나 발췌하는 것을 금합니다.
COPYRIGHT ⓒ 2022, by Lee Imsun
All right reserved including the rights of reproduction in whole or in part in any form.
저자와 협의, 인지는 생략합니다.
잘못된 책은 바꿔 드립니다.

ISBN 979-11-5933-445-0 (03810)
값 13,000 원

Printed in KOREA

* 이 책은 전라남도 전남 문화재단 의 후원을 받아 발간되었습니다.